Iniciação na fé

Dados Internacionais de Catalogação na Publicação (CIP)
(Câmara Brasileira do Livro, SP, Brasil)

Haenraets, Paulo

Iniciação na fé : preparação para a Primeira Eucaristia : 1ª etapa, catequizando / Paulo Haenraets. 8. ed. – Petrópolis, RJ : Vozes, 2014.

6ª reimpressão, 2023.

ISBN 978-85-326-3347-7

Bibliografia.

1. Catequese familiar 2. Primeira Comunhão – Estudo e ensino I. Título.

06-3804 CDD-264.36

Índices para catálogo sistemático:

1. Primeira Eucaristia : Preparação para o sacramento : Cristianismo 264.36

Pe. Paulo Haenraets

INICIAÇÃO na fé

Preparação para a
Primeira Eucaristia

1ª etapa – CATEQUIZANDO

EDITORA VOZES
Petrópolis

© 2006, Editora Vozes Ltda.
Rua Frei Luís, 100
25689-900 Petrópolis, RJ
www.vozes.com.br
Brasil

Todos os direitos reservados. Nenhuma parte desta obra poderá ser reproduzida ou transmitida por qualquer forma e/ou quaisquer meios (eletrônico ou mecânico, incluindo fotocópia e gravação) ou arquivada em qualquer sistema ou banco de dados sem permissão escrita da editora.

CONSELHO EDITORIAL

Diretor
Volney J. Berkenbrock

Editores
Aline dos Santos Carneiro
Edrian Josué Pasini
Marilac Loraine Oleniki
Welder Lancieri Marchini

Conselheiros
Elói Dionísio Piva
Francisco Morás
Gilberto Gonçalves Garcia
Ludovico Garmus
Teobaldo Heidemann

Secretário executivo
Leonardo A.R.T. dos Santos

Coordenação editorial: Marilac Loraine R. Oleniki
Diagramação: AG.SR Desenv. Gráfico
Ilustrações: Ana Maria Oleniki
Capa: Editora Vozes / Marta Braiman
Ilustração da capa: Gustavo Montebello

ISBN 978-85-326-3347-7

Este livro foi composto e impresso pela Editora Vozes Ltda.

Sumário

Apresentação, 7

Recado para você, 9

Quem sou eu?, 11

Parte I – A Palavra de Deus, 13

    1. Encontro na casa do Pai, 15

    2. A Bíblia: Deus quer falar comigo, 18

    3. Primeiro dia da criação: A luz, 23

    4. Segundo dia da criação: O céu e as águas separadas, 26

    5. Terceiro dia da Criação: A terra, o mar e as plantas, 30

    6. Quarto dia da criação: O sol, a lua e as estrelas, 35

    7. Quinto e sexto dia da criação: Os peixes, as aves e todos os animais, 39

    8. Sexto dia da criação: Deus criou o homem e a mulher, 44

    9. Sétimo dia da criação: Deus descansou. O dia do Senhor, 48

    10. Como o pecado apareceu no mundo?, 52

    11. O dilúvio – Deus começa um mundo novo, 56

    12. Os dez mandamentos: sinais do amor de Deus, 61

    13. O nascimento de Jesus, 66

    14. A infância de Jesus, 71

    15. Jesus nos revela o Reino de Deus, 76

    16. Jesus ama as crianças, 79

    17. Jesus, a água viva, 83

    18. Jesus, o Bom Pastor, 88

    19. Parábola do joio e o trigo, 92

    20. Parábola do Pai bondoso – Deus nos perdoa, 96

    21. Parábola do bom samaritano, 101

    22. Jesus, a verdadeira videira, 108

    23. A semente que germina por si só, 112

    24. O primeiro milagre de Jesus: as bodas de Caná, 117

    25. A multiplicação dos pães, 122

    26. Jesus ressuscita Lázaro, 125

Parte II – Festas do Ano Litúrgico, 131

    1. O ano litúrgico, 133
    2. Quaresma – Campanha da Fraternidade, 139
    3. Semana Santa – A entrada de Jesus em Jerusalém e a ceia do Senhor, 145
    4. Paixão, Morte e Ressurreição de Jesus – Páscoa, 149
    5. Ascensão de Jesus, 154
    6. A vinda do Espírito Santo, 159
    7. A Santíssima Trindade, 163
    8. Festa do Corpo de Cristo, 167
    9. Festa de Nossa Senhora Aparecida, 172
    10. Finados e Festa de Todos os Santos, 178
    11. Advento: Tempo de esperança, 182
    12. Natal: festa do amor de Deus Pai por nós, 186

Parte III – Conhecimentos importantes para crescer na fé, 191

Orações, 193

Carta conclusiva, 197

Referências, 199

Apresentação

É com muita alegria que apresentamos o Livro **"INICIAÇÃO NA FÉ – Preparação para a Primeira Eucaristia – 1ª etapa",** do Pe. Paulo Haenraets, fruto do trabalho desenvolvido por muitos anos na Paróquia São Judas Tadeu, em Piracicaba.

Sua proposta de uma catequese familiar, envolvendo a família, a criança e o catequista no processo catequético-evangelizador, é de grande utilidade, pois o maior desafio que a nossa Igreja enfrenta é o da integração da família na catequese e na comunidade.

Através de passagens bíblicas, leva a conhecer a História da Salvação, a Doutrina da Fé e a Iniciação ao Ano Litúrgico. Tudo isso motiva o catequizando e sua família a assumir um compromisso mais autêntico e eficaz com o projeto de Jesus.

Aprovamos e autorizamos com muita satisfação o uso deste subsídio. E os que utilizarem este material, que o façam com carinho, vivenciando a fé em comunidade eclesial e familiar.

Dom Fernando Mason
Bispo de Piracicaba

Recado para você

Amiguinho(a)

Com muita alegria apresentamos este livro a você, que está dando os primeiros passos na catequese paroquial.

Foram seus pais que colocaram em você a semente da fé e a vontade de conhecer melhor Jesus, o grande amigo das crianças.

Chegou o tempo que a sua comunidade paroquial quer acompanhar você no início deste caminho, que o leva, passo a passo, a um conhecimento cada vez mais profundo de Jesus, para que, junto com todos aqueles que querem segui-lo como seus discípulos, possa crescer na fé.

Foram as catequistas Dirleni de F.S. Scaraficci, Neide Maria Romanini e tantas outras, que com muito carinho e competência ajudaram a preparar este livro para você.

Esperamos que possa crescer muito com este livro.

Com muito carinho.

Pe. Paulo Haenraets

Quem sou eu?

Querido catequizando, esta página você deve preencher com seus dados pessoais para que seu catequista possa lhe conhecer melhor:

Nome: ....

Data de nascimento:........../........./...............

Cidade onde nasci:...

Nome do pai:..

Nome da mãe:..

Nome dos irmãos:...

Data do Batismo:......../............./..............

Igreja onde fui batizado:..

Sacerdote/diácono/ministro que me batizou:..

Nome do padrinho:...

Nome da madrinha:..

Pertenço à Paróquia:..

Frequento a Igreja (Comunidade): ....

Nome(s) do(s) padre(s) da minha Paróquia:..

Nome do Bispo desta diocese:..

Nome do meu catequista:..Fone........................

Dia dos encontros de catequese: ....

Horário : das _____ às _____ horas

Nome da Escola onde estudo: ....

Série:..................Período: ....

Meu endereço

Rua: : ....Nº.........

CEP:..................Cidade:............................Estado.....Fone...................

PARTE I

A Palavra de Deus

1 ENCONTRO NA CASA DO PAI

Como é bom a gente se encontrar com os amigos e irmãos para celebrar a nossa fé, não é mesmo?! A igreja (ou capela) é a casa do nosso Pai, onde há lugar para todos.

Vamos à igreja para participar da Ceia do Senhor (a Missa), das celebrações, batizados, crisma, casamentos...

Mas, a Igreja, na verdade, é a comunidade viva dos filhos de Deus.

No dia do seu Batismo, você se tornou filho de Deus e membro da Igreja. A partir desse dia, começou a fazer parte da família de Deus.

Sabe, amiguinho, a Igreja é você, sou eu, somos nós, povo de Deus. Irmãos unidos em comunidade, vivendo no amor, do jeito que Deus quer.

Celebração

✦ Prepare-se para ouvir a proclamação do Evangelho de Marcos 10,13-16.
✦ A seguir, você é convidado a refletir e partilhar a Palavra de Deus.

Atividades

1) Após a partilha do texto bíblico, anote como tem sido a sua participação na missa. E em que você precisa melhorar em relação ao seu comportamento na igreja?

_____
_____
_____

2) Agora, você é convidado a visitar a igreja (ou capela). Fique atento a tudo o que o catequista irá lhe ensinar. Atenção: a igreja é um lugar de respeito, silêncio e oração. Ao chegar lá, participe com alegria cantando:

Alegres vamos

Alegres vamos à casa do Pai;
E na alegria cantar seu louvor.
Em sua casa, somos felizes:
Participamos da ceia do amor.

A alegria nos vem do Senhor.
Seu amor nos conduz pela mão.
Ele é luz que ilumina o seu povo.
Com segurança lhe dá a Salvação.

(KOLLING, 2004)

3) Com certeza, a visita à igreja o ajudou a conhecer alguns nomes que se relacionam com a eucaristia. Para memorizar alguns deles, relacione a 1ª com a 2ª coluna, colocando a letra correspondente:

(A) Altar ( ) É o pão que depois de consagrado se torna o corpo de Jesus.

(B) Pia Batismal ( ) Nele se deposita o vinho que vai se transformar em sangue de Jesus.

(C) Vela acesa ( ) é Cristo, centro de todo edifício.

(D) Cálice ( ) indica o Cristo morto, ressuscitado e vitorioso.

(E) Hóstia ( ) lembra Jesus Cristo, luz do mundo.

(F) Cruz ( ) Local em que recebemos o nosso batismo.

(G) Sacrário ( ) Veste do padre.

(H) Galhetas ( ) local onde se encontram as hóstias consagradas que são guardadas após a missa. Ali Jesus está presente.

(I) Túnica, casula e estola ( ) Dois recipientes: um contendo a água e o outro, o vinho.

4) Como é bom chamar a Deus de nosso Pai! Então, cante com muita fé a oração do **Pai-nosso**:

Pai nosso que estais nos céus, santificado seja o vosso nome; venha a nós o vosso reino, seja feita a vossa vontade, assim na terra como no céu. O pão nosso de cada dia nos dai hoje; perdoai-nos as nossas ofensas, assim como nós perdoamos a quem nos tem ofendido, e não nos deixeis cair em tentação, mas livrai-nos do mal. Amém

Compromisso do encontro

1) Anote o que você mais gostou da visita à igreja:

_____
_____
_____
_____

2) A partir do seu batismo, você começou a fazer parte da família de Deus. Por isso, é importante participar da missa todos os domingos. Propomos:

* Ao entrar na igreja, fazer silêncio lembrando que é um lugar de respeito.
* Abrir o seu coração e a sua mente para ouvir com fé a Palavra de Deus.

Diálogo com a família

Contar a seus pais como foi sua visita à igreja e o que você aprendeu. Convide-os para participar da missa.

2 A BÍBLIA: DEUS QUER FALAR COMIGO

Caro amiguinho(a), quero me apresentar a você. Meu nome é **Bíblia**. Sou também conhecida por outros nomes: Palavra de Deus, Sagrada Escritura, História da Salvação, História Sagrada...

Tenho um nome grego que significa coleção de livros ou biblioteca.

Sou formada por 73 livros e dividida em 2 partes: Antigo Testamento e Novo Testamento.

Comecei a ser escrita por volta do ano 1000 antes de Cristo até o ano 100 depois de Cristo por pessoas que souberam ouvir a Deus e se tornaram seus mensageiros.

No Antigo Testamento revelo a história de um povo que contou para o mundo inteiro sua experiência de Deus. Esse é o povo de Israel que tinha uma profunda amizade com Deus chamada Aliança ou Testamento.

No Novo Testamento você vai encontrar tudo o que os amigos de Jesus quiseram transmitir sobre a vida dele e seus ensinamentos.

Sou o livro por onde Deus se comunica com você e com cada um dos seus filhos. Transmito o grande amor dele por você e o quanto Ele deseja a sua felicidade.

Amiguinho(a), que tal me abrir sempre para descobrir que recado Deus tem para você?

Celebração

✦ Cantando com alegria, você é convidado a acolher a Bíblia trazida por um colega.

Eu vim para escutar

1. Eu vim para escutar tua Palavra,
Tua Palavra, tua Palavra de amor.
2. Eu gosto de escutar tua Palavra,
Tua Palavra, tua Palavra de amor.
3. Eu quero entender melhor tua Palavra,
Tua Palavra, tua Palavra de amor. (KOLLING, 2004)

✦ Agora, fique atento para ouvir a proclamação do Evangelho de Mateus 7, 24-27. A seguir, você irá refletir e partilhar a Palavra de Deus.

Atividades

1) Escreva se você está disposto a ouvir, com atenção, a Palavra de Deus nos encontros, e a praticar, apenas, o que é da vontade de Deus:

_____
_____
_____
_____

2) Para conhecer um pouco sobre a Bíblia, veja as explicações que seguem:

    Capítulo – é o número maior.

    Versículos – são os números menores.

    Vírgula (,) – separa o capítulo dos versículos.

    Traço (–) liga os versículos, não necessitando escrever todos eles.

Abreviaturas de alguns Livros:

Gênesis.................Gn

Êxodo...................Ex

Mateus..................Mt

Marcos..................Mc

Lucas....................Lc

João......................Jo

Com a ajuda do catequista, complete a cruzadinha para memorizar algumas coisas práticas sobre a bíblia:

1. Na Bíblia o número maior é chamado _____
2. A Palavra de Deus é um dos nomes dadas à _____
3. A Bíblia é também conhecida como História da_____
4. A Bíblia se divide em Antigo e Novo_____
5. Na Bíblia os números menores são chamados_____
6. Para separar o capítulo do versículo usa-se a_____
7. O_____liga os versículos, não necessitando escrever todos eles.
8. Ex é a abreviatura do livro do_____
9. Mt é a abreviatura de _____
10. A Bíblia é o livro por onde _____ se comunica comigo.
11. Gn é a abreviatura do livro do_____
12. Lc é a abreviatura de_____
13. Mc é a abreviatura de _____

3) Os quatro livros da Bíblia que contam a vida de Jesus se chamam Evangelhos. E os seus autores são os evangelistas. Com a ajuda do catequista, pesquise na Bíblia e anote os nomes dos quatro evangelistas.

– A seguir, descubra o que Jesus nos fala no Evangelho de João, capítulo 14, versículo 23 (Jo 14,23) e anote aqui:

_____
_____
_____
_____

4) Decifre as palavras que estão com as letras fora de ordem e anote o seguinte versículo:

"Ninguém tem maior ROMA do que LEQUAE que dá a ADIV por seus OSGAMI" (Jo 15,13).

_____
_____
_____

5) Que tal encerrar este encontro cantando a música que seu catequista irá ensinar. Fique atento(a) para aprender!

Compromisso do encontro

✖ Anote o que você aprendeu sobre a Bíblia:

_____
_____
_____
_____

✖ É importante ter zelo pela Palavra de Deus. Propomos:

• Trazer a Bíblia nos encontros da catequese.

• Não rabiscá-la, nem deixá-la em qualquer lugar.

• Em casa, colocá-la num lugar de destaque, para que, quando alguém entrar em sua casa, logo perceba o respeito que vocês têm pela Palavra de Deus.

Diálogo com a família

Converse com seus pais sobre o que você aprendeu neste encontro. Com a ajuda deles, pesquise em sua Bíblia Jo 8,12. Anote, com suas palavras, o que Jesus falou para vocês:

_____
_____
_____
_____

3 PRIMEIRO DIA DA CRIAÇÃO – A LUZ

Querido catequizando! Há muitos e muitos anos, o mundo em que vivemos não existia. Não existia nada. Só existia Deus.

Deus, que é amor, quis revelar e partilhar o seu amor. Então começou a criação do nada, somente pelo poder da sua Palavra.

"No começo Deus criou o céu e a terra. A terra estava vazia, sem forma e sem vida. As trevas cobriam o abismo e um vento soprava sobre as águas. Então, Deus disse:

– "Que exista a luz!" E a luz começou a existir. Deus viu que a luz era boa.

Então separou a luz das trevas. À luz chamou "dia" e às trevas "noite". Isto aconteceu no primeiro dia da criação".

elebração

✦ Agora, você é convidado a ouvir, com atenção, a proclamação do livro do Gênesis 1,3-5. A seguir, haverá reflexão e partilha da Palavra de Deus.

tividades

1) Responda a seguinte pergunta:

Você reconhece que tanto o dia como a noite são importantes na sua vida? Por quê?

_____
_____
_____
_____

2) Complete as seguintes frases com as palavras: luz – dia – amor – preguiça – mãe – pai.

- Deus fez o........................bonito
- Durante o dia não devo ter........................
- De manhã e à noite é importante dizer: Bênção............!
  Bênção.............
- À ....Deus chamou "dia" e às trevas "noite".
- Deus é........................

3) Decifre a mensagem e guarde-a em seu coração:

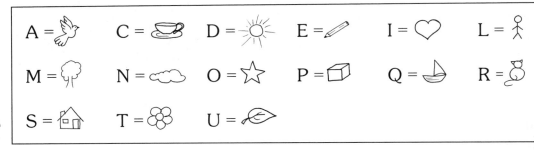

4) Seguindo as orientações do seu catequista, você participará de uma dinâmica.

Mensagem para a vida:

Compromisso do encontro

✸ Resumir, em poucas palavras, o que você aprendeu neste encontro:

_____
_____
_____
_____

✸ Deus fez o dia e a noite para o nosso bem. Por isso, propomos:

Ao se levantar e ao se deitar, agradecer a Deus, com suas palavras, pelo dia e pela noite:

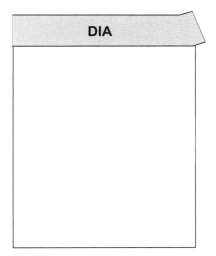

Diálogo com a família

Conte para seus pais como foi o seu encontro de catequese.

Converse com eles sobre as coisas que você mais gosta de fazer durante o dia. Pergunte-lhes o que eles mais gostam de fazer.

Anote a resposta deles:

_____
_____
_____
_____

4. SEGUNDO DIA DA CRIAÇÃO – O CÉU E AS ÁGUAS SEPARADAS

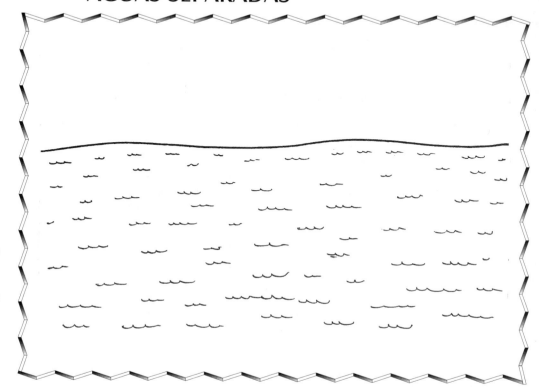

Veja como foi o segundo dia da criação do mundo. Deus disse:

– "Que exista um firmamento para separar as águas que estão abaixo do firmamento das águas que estão acima do firmamento."

E assim aconteceu. Então, Deus chamou o firmamento de céu. Ele viu que isso era bom".

Você já parou para admirar a chuva caindo do telhado, escorrendo pelos vidros da janela e pela rua? Pense nisso! É do céu que Deus nos envia a chuva que enche os mares e os rios. Dos rios vem a água que sacia a nossa sede.

A água é criação de Deus e essencial à vida. Sem ela ninguém sobrevive: seres humanos, animais, plantas... Então, ao separar as águas de cima das de baixo do céu, Deus criou condições para a existência de vida sobre a terra.

Como Deus é grande e poderoso! Que tal agradecê-lo pela água que bebemos, o banho que nos limpa e refresca, a chuva, os rios, o mar...?

✦ Fique atento para ouvir a proclamação do livro do Gênesis 1,6-8. Em seguida, você é convidado a refletir e partilhar a Palavra de Deus.

1) Após a partilha, escreva se você consegue amar todas as pessoas, sem fazer diferença ou fofoca de alguma delas. E em que precisa melhorar:

_____
_____
_____
_____
_____
_____
_____
_____

2) Complete as frases com as palavras: noite, céu, arco-íris, chuva, água, vida e dia.

No primeiro dia Deus criou o_____ e a _____.

No segundo dia Deus separou as "águas de cima" das "águas de baixo" e criou o _____

Quando ouço trovões e relâmpagos é sinal que vem_____.

O arco colorido que aparece no céu de vez em quando se chama_____ .

A _____ é preciosa para a nossa_____.

3) Seguindo as "pistas", coloque corretamente as palavras nas respectivas frases: missa, céu, irmãos, chuva, grande, nome e crianças. Em seguida, preencha a CRUZADINHA.

1. Deus chamou o firmamento de_____.
2. O céu é um sinal de quanto Deus é_____ e poderoso.
3. Mesmo nos dias que chove bastante, não devo faltar à_____.
4. Do céu caem a neve e a _____.
5. Deus ama os jovens, os velhos e as _____.
6. Somos todos filhos de um mesmo Pai do céu, portanto somos todos _____.
7. Pai nosso que estais nos céus, santificado seja o vosso _____

			1	C			
		2		R			
			3		I		
	4				A		
5					Ç		
		6			Ã		
			7		O		

4) Colocar as palavras em ordem para formar a frase correta:

Antes é do criar fazer nada alguma que coisa existia não

_____
_____
_____
_____
_____

5) Para finalizar este encontro, que tal cantar a seguinte música e dar o abraço da paz aos colegas ao lado?

Abençoa, Senhor, meus amigos (Oração por meus amigos)

Abençoa, Senhor, meus amigos e minhas amigas e dá-lhes a paz. Aqueles a quem ajudei, que eu ajude ainda mais. Aqueles a quem magoei, que eu não magoe mais. Saibamos deixar um no outro uma saudade que faz bem. Abençoa, Senhor, meus amigos e minhas amigas. Amém!

1. Luzes que brilham juntas, velas que juntas queimam no altar da esperança, trilhos que juntos percorrem os mesmos dormentes e vão terminar no mesmo lugar. Aves que voam em bando, verso que segue verso nas rimas da vida, barcos que singram os mares, até separados, mas sabem o porto onde vão se encontrar. São assim os amigos que a vida me deu: Meus amigos e minhas amigas e eu.

2. Gente que sonha junto, gente que brinca e se zanga e perdoa. Um sentimento forte, mais forte que a morte, nos faz ser amigos no riso e na dor. Vidas que fluem juntas, rios que não confluem mas vão paralelos, aves que voam juntas e sabem que um dia, por força da vida, não mais se verão. Resta apenas o sonho que a gente viveu: meus amigos e minhas amigas e eu! (KOLLING, 2004)

Compromisso do encontro

✖ Anote o que de mais importante você aprendeu neste encontro:

_____
_____
_____
_____

✖ Deus é o nosso Pai, que ama muito todos os seus filhos. Propomos:
- Rezar o Pai-nosso todos os dias.
- Tratar as pessoas como irmãos.

Diálogo com a família

Conte para seus pais o que você aprendeu sobre o céu. Converse com eles sobre as coisas que Deus tem lhes dado e, juntos, rezem um Pai-nosso, agradecendo ao Pai do Céu.

5 TERCEIRO DIA DA CRIAÇÃO – A TERRA, O MAR E AS PLANTAS

No terceiro dia, continuando a grandiosa obra da criação, Deus disse:

– "Que as águas que estão debaixo do céu se ajuntem num só lugar e apareça o chão seco"!

E assim aconteceu. Deus chamou o chão seco "terra" e ao conjunto das águas "mar".

Em seguida, Ele disse:

– "Que a terra produza ervas que deem semente e árvores frutíferas que deem frutos contendo semente, cada uma segundo a sua espécie!"

Foi assim que começaram a brotar as plantas de todas as espécies, as verduras, e toda espécie de árvores, flores, frutas, cada qual com a sua semente.

Deus viu que tudo o que havia feito era muito bom".

A Palavra de Deus é vida. Deus fala e a criação se torna realidade.

Amiguinho(a), quando você descansa debaixo da sombra de uma árvore, admira a beleza de uma flor, saboreia uma fruta deliciosa..., você se lembra do criador de tudo que existe?

Prestando atenção nas coisas da natureza, a gente descobre que o amor do Pai por nós é sem limites e, então, o nosso coração se enche de alegria.

elebração

✦ Em clima de oração, ouça a proclamação do livro do Gênesis 1,9-11. Em seguida, você irá refletir e partilhar a Palavra de Deus, por meio de perguntas feitas pelo catequista.

tividades

1) Anote de que maneira você tem contribuído para preservar a natureza:
___
___
___
___
___

2) Você é convidado a ouvir a estória "O sonho das sementinhas se torna realidade", que seu catequista irá lhe contar. A seguir, haverá reflexão e uma dinâmica. Participe!

Mensagem para a vida:

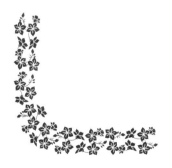

3) Agora, participe da dinâmica do crescimento da árvore, por meio de expressão corporal.

4) É pelo poder de Deus que as árvores se desenvolvem. Numerar na ordem correta, desenhar e colorir o desenvolvimento de uma árvore nos quadros seguintes:

Nasce

Dá frutos

Dá flores

Cresce

5) Descubra o que está escrito, substituindo cada símbolo pela letra correspondente.

_____   _____

_____   _____

_____   _____   _____

_____   _____   _____

ompromisso do encontro

✗ Anote o que de mais importante você aprendeu neste encontro:
_____
_____
_____
_____
_____

✖ Alimentos naturais são mais saudáveis. Propomos:
- Comer frutas, legumes e verduras.
- Beber sucos naturais.
- Evitar: salgadinhos, refrigerantes...

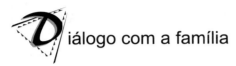

Diálogo com a família

Conte a seus pais o que você aprendeu neste encontro. Com a ajuda deles, anote os nomes de algumas frutas e flores:

_____
_____
_____
_____

6 QUARTO DIA DA CRIAÇÃO – O SOL, A LUA E AS ESTRELAS

Você sabe o que Deus criou no quarto dia? Veja como aconteceu. Deus disse:

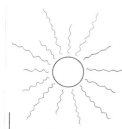

– "Que existam luzeiros no céu para separar o dia da noite e para marcar os dias, os anos e as estações. Que eles sirvam para iluminar a terra!"

Foi assim que Deus criou o sol para governar o dia e a lua para governar a noite, e as estrelas.

E Deus viu que isto era muito bom".

Querido catequizando! Ao criar as coisas da natureza nosso Pai do Céu pensou em tudo para nos agradar e para que nada nos faltasse. Como Deus é bom, sábio e poderoso!

 Deus cria todas as coisas por amor.

elebração

✦ Com atenção, ouça a proclamação do livro do Gênesis 1,16. Depois, com a ajuda do catequista, reflita e partilhe a Palavra de Deus.

Atividades

1) Pense e responda de que maneira você tem enfeitado a vida de seus pais?
_____
_____
_____
_____

2) Desenhar e colorir um girassol bem bonito, completando a frase com as seguintes palavras: Deus, sol e girassol.

Assim como o _____ fica sempre virado para o lado do _____, eu também devo estar voltado para_____ recebendo dele: luz, sabedoria, força, amor...

3) Com a orientação do seu catequista, desenhe o sol, a lua e suas fases, e as estrelas:

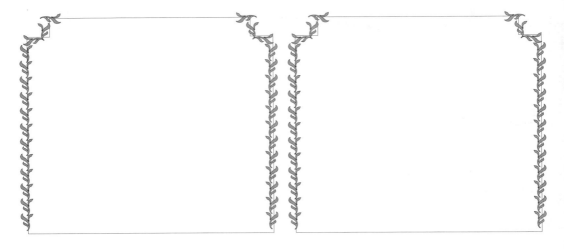

Sol   Estrelas

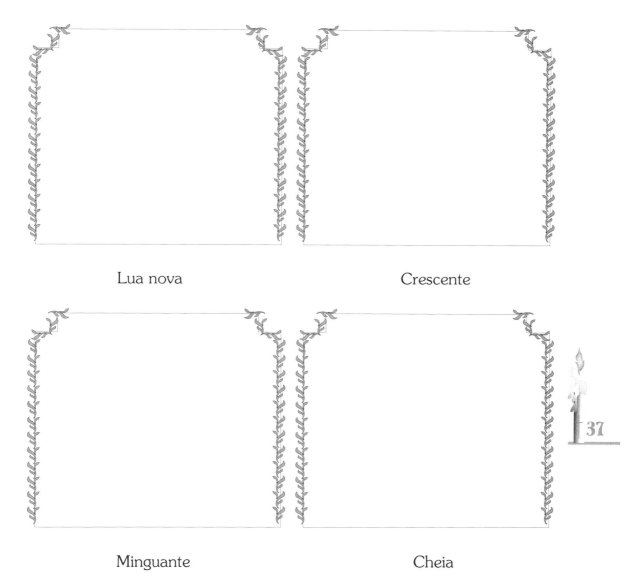

Lua nova

Crescente

Minguante

Cheia

4) Você é convidado a participar da encenação da estória "A estrelinha pequenina" que seu catequista irá lhe contar. Participe! Em seguida, anote o que aprendeu.

Mensagem para a minha vida:

☆
☆
☆
☆
☆
☆
☆ ☆ ☆ ☆ ☆ ☆

5) Agora, cante com alegria a seguinte música:

Louvado sejas

1. Louvado sejas, meu Senhor, louvado sejas, pelo sol e pela lua, pelo ar e água pura!
   Louvado sejas, meu Senhor! Amém!
2. Louvado sejas, meu Senhor, louvado sejas, pelo fogo que ilumina e a semente que germina.
3. Louvado sejas, meu Senhor, louvado sejas pela morte e pela terra, pelos rios e pelas serras!
4. Louvado sejas, meu Senhor, louvado sejas pelos homens que ainda lutam, por tuas criaturas! (KOLLING, 2004)

Compromisso do encontro

✖ Escreva o que você mais gostou de aprender neste encontro:

_____
_____
_____
_____

✖ O sol, a lua e as estrelas são presentes de Deus que nos alegram. Os filhos são presentes de Deus para os pais. Propomos:
   • Dar alegria aos pais sendo obediente, responsável, tirando boas notas, sendo carinhoso...

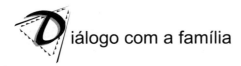
Diálogo com a família

Conte para seus pais como está sua participação na catequese.

7 QUINTO E SEXTO DIA DA CRIAÇÃO – OS PEIXES, AS AVES E TODOS OS ANIMAIS

Com muito amor, Deus continuou a sua maravilhosa obra da criação. Veja o que aconteceu no quinto dia. Deus disse:

"Que as águas fiquem cheias de seres vivos e que as aves voem acima da terra e debaixo do céu!"

Assim Deus criou os peixes e todos os seres vivos que vivem na água. Os passarinhos e todas as aves que voam no ar.

Então, Deus os abençoou, dizendo: "Sejam fecundos e multipliquem-se; encham as águas e o ar!"

"E Deus viu que isso era bom".

No sexto dia Deus criou todos os animais que vivem na terra: cachorros, gatos, cavalos, vacas, tartarugas, jacarés, leões…, dizendo assim:

"Que a terra produza seres vivos conforme a espécie de cada um: animais domésticos, répteis e feras!"

"E assim se fez. Deus viu que isso era bom".

Celebração

✦ Iniciar esta celebração cantando, alegremente:

A Palavra do Senhor (Salmo 33)

A Palavra do Senhor, a Palavra criou os céus!

1. Dai graças ao Senhor ao som da harpa, na lira de dez cordas celebrai-o! Cantai para o Senhor um canto novo, com arte sustentai a louvação!

2. Pois reta é a Palavra do Senhor e tudo o que Ele fez merece a nossa fé: Deus ama o Direito e a Justiça, transborda em toda a terra a sua Graça!

3. A Palavra do Senhor criou os céus, e o sopro de seus lábios, as estrelas. Qual num odre junta as águas do oceano e mantém no seu limite as grandes águas!

4. Adore ao Senhor a terra inteira, e o respeitem os que habitam o universo, pois falou e toda a terra foi criada, ordenou, e as coisas todas existiram! (KOLLING, 2004)

✦ Neste momento, ouça com muito respeito a proclamação do livro do Gênesis 1,20-21. Em seguida, irá refletir e partilhar a Palavra de Deus.

Atividades

1) Responda:

   * Você tem algum animal de estimação? ( ) sim ( ) não
      Como ele se chama?_____

   * Você cuida com carinho dos animais? ( ) sim ( ) não

2) Nesta atividade, seu catequista contará a história da águia e a galinha, a qual vem ensinar algo muito bonito. Em seguida, haverá reflexão. Participe!

3) Você é convidado a ilustrar, por meio de desenhos, a seguinte estória em quadrinhos:

Era uma vez um rio muito poluído, com produtos químicos, jogados pelas indústrias: vidros, plásticos, pneus... jogados pelas pessoas.

Os peixinhos estavam morrendo porque não tinham mais água limpa para viver.

Até que um dia as pessoas se juntaram para recolher todo o lixo do rio e limpar suas margens.

O rio ficou limpo, os peixes conseguiram sobreviver e criar seus filhotes.

Depois reciclaram todo o lixo que era reaproveitável. Com o papel fizeram cadernos, agendas. Com o vidro fizeram tigelas, garrafas novas. Com o plástico: copo, mesa... com a lata: novas embalagens.

Mensagem para minha vida:
_____
_____
_____

4) Descubra no caça-palavras, alguns dos animais que Deus criou:
- Que vivem no mar: baleia, golfinho, tubarão, camarão, ostra e siri.
- Que voam no ar: andorinha, borboleta, besouro, gavião, pomba e pardal.

Que tal colorir cada nome com uma cor diferente?

L	S	G	O	L	F	I	N	H	O	J	M	V	S
P	J	G	V	M	X	J	P	A	R	D	A	L	F
S	L	B	A	L	E	I	A	Y	T	U	R	J	A
K	G	S	G	Y	R	T	Y	B	U	W	B	V	N
B	A	L	H	F	T	U	B	A	R	Ã	O	P	D
O	V	D	F	G	H	Y	R	E	M	C	L	F	O
R	I	B	E	S	O	U	R	O	P	I	C	K	R
W	Ã	C	X	C	N	Z	Ç	M	B	X	A	Y	I
T	O	Ç	I	P	O	M	B	A	S	Y	M	O	N
A	Y	T	R	E	W	Q	P	L	S	Ç	A	J	H
L	K	O	S	T	R	A	P	O	I	I	R	R	A
K	R	K	O	I	U	N	V	G	R	L	Ã	K	Y
A	Ç	X	X	U	J	M	B	V	I	C	O	L	Ç
W	T	B	O	R	B	O	L	E	T	A	Q	T	Ç

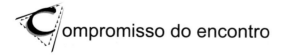ompromisso do encontro

✖ Anote qual a mensagem principal desse encontro?

_____
_____
_____

✖ Preservar a natureza é uma maneira de contribuir para a sobrevivência dos seres vivos. Propomos:

- Reciclar os vidros, os plásticos, latas, papéis...
- Ensinar os amigos de que lugar de lixo é no lixo e não nas matas, nas ruas e rios.

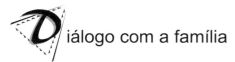

Diálogo com a família

Conversar com seus pais sobre o que você aprendeu neste encontro.

Anote a seguir se vocês já colaboram com a reciclagem do lixo, livrando o meio ambiente de poluição:

____

____

____

____

8 SEXTO DIA DA CRIAÇÃO – DEUS CRIOU O HOMEM E A MULHER

Depois de criar todas as coisas que existem no mundo, Deus decidiu criar o ser humano. Ele queria ter alguém com quem pudesse conversar e partilhar mais de perto o seu amor. E que fosse parecido com Ele.

Assim, ainda no sexto dia, ao terminar a sua maravilhosa obra da criação, Deus criou o homem e a mulher. Veja como aconteceu. Deus disse:

– "Agora vamos fazer o homem à nossa imagem e semelhança. Que ele domine sobre os peixes do mar, as aves do céu, os animais domésticos, as feras e todos os répteis que se arrastam sobre a terra!"

Depois, Deus disse:

– "Não é bom que o homem esteja só. Vamos fazer para ele uma companheira que o ajude e seja como se fosse a sua outra metade!"

Assim Deus criou a mulher. Depois, Ele abençoou o homem e a mulher, dizendo:

– "Sejam fecundos, multipliquem-se, encham a terra e a dominem. Eu lhes dou tudo o que existe sobre a terra para que lhes sirva de alimento!"

Em seguida, Deus olhou para tudo o que havia feito e viu que era muito bom.

 Celebração

✦ Para ouvir a voz de Deus e deixá-la entrar no coração, é preciso fazer silêncio. Antes de ouvi-la, cante com alegria, prestando atenção nas palavras desta música:

Fala, Senhor, pela Bíblia

1. Fala, Senhor, pela Bíblia:
   Tu és Palavra que salva!

   Em mim é tudo silêncio:
   Eu quero ouvir tua voz!

2. Fala, Senhor, pela Igreja:
   É tua presença no mundo!
   (KOLLING, 2004)

✦ Agora, você é convidado a ouvir a proclamação da Palavra de Deus do livro do Gênesis 1,27 e a participar da reflexão e partilha.

Atividades

1) Que tal escrever o que tem praticado para agradar a Deus, e em que precisa melhorar!

_____
_____
_____

2) Você é convidado a ouvir as estórias: "Rabinho de Algodão" e "Joãozinho Silva" que seu catequista irá lhe contar. Depois participe da reflexão. A seguir, complete a frase:

Deus me criou para ser um(a) grande _____.

3) Deus criou um mundo lindo para termos uma vida saudável e sermos felizes. Cabe a cada um de nós cuidar das coisas que Ele nos dá.

Pense nas boas atitudes que devemos ter em relação à água para que ela não venha nos faltar. Assinale com X o que você já faz:

( ) Enquanto escovo os dentes, mantenho a torneira fechada.

( ) Ao tomar banho, mantenho o chuveiro desligado, enquanto me ensaboo.

( ) Ao tomar água, coloco no copo apenas o necessário para beber, evitando jogar o resto fora.

( ) Ao lavar as mãos antes das refeições, mantenho a torneira fechada enquanto ensaboo as mãos.

4) Deus criou o homem e a mulher como uma obra maravilhosa, com mãos, pés, olhos, ouvidos, boca, coração...

Pensando em algumas partes do seu corpo, anote com um X o que você já faz e grife com caneta colorida o que é importante você começar a fazer:

BOCA   ( ) Escovo os dentes após cada refeição, para manter o sorriso bonito.

( ) Nas refeições como legumes e verduras, pois tudo que Deus criou é bom para a nossa saúde.

( ) Não faço fofocas, prefiro ficar com a boca fechada, ao invés de falar mal de algum colega.

( ) Beijo meus pais todos os dias e meus avós sempre que os vejo.

MÃOS   ( ) Faço com zelo os afazeres da catequese e da escola.

( ) Arrumo a minha cama todos os dias.

( ) Ajudo minha mãe tirar as coisas da mesa após as refeições.

( ) Uso minhas mãos para repartir o meu lanche com algum colega.

5) Decifre a mensagem e nunca se esqueça disso:

_____   _____   _____

_____   _____

Compromisso do encontro

✖ Escreva o que foi mais importante aprender neste encontro:
_____
_____

✖ Deus é amor e criou todas as pessoas para o amor. Propomos:

• Amar os pais, sendo obediente e ajudando-os quando lhes pedem ajuda.

• Cuidar com amor do seu corpo, alimentando-se corretamente, acreditando sempre que você é inteligente, bonito e capaz, pois é uma obra maravilhosa de Deus.

Diálogo com a família

Converse com seus pais sobre o que você aprendeu neste encontro. Conte-lhes que, como imagem de Deus, você irá praticar apenas coisas boas e, caso isto não esteja acontecendo, peça-lhes que chamem a sua atenção.

Anote a seguir se seus pais estão gostando deste momento de diálogo que consta no seu livro.

_____
_____
_____

9 SÉTIMO DIA DA CRIAÇÃO – DEUS DESCANSOU. O DIA DO SENHOR

Deus terminou o seu trabalho da criação e, no sétimo dia, Ele descansou. Deus abençoou e santificou esse dia.

Assim, Ele nos ensina que durante a semana há um tempo para tudo: para trabalhar (os pequenos serviços que você faz para ajudar a mamãe), estudar, pesquisar, jogar "video game", navegar na internet... e um tempo para descansar e recuperar as nossas forças.

O domingo é o dia do nosso descanso semanal. É também chamado o "Dia do Senhor".

Sabe por que, caro amiguinho(a)? Porque é um dia especial para a gente se reunir na casa do Pai, a Igreja, e, junto com nossos irmãos, louvar e agradecer a Deus por tudo de bom que Ele nos concedeu durante a semana.

Depois de participar da missa, você pode e deve: passear, brincar, se divertir, conviver mais de perto com seus pais, parentes, amigos...

É muito importante reconhecer que tudo o que a gente é, e tudo o que a gente tem, vem de Deus. São presentes dele para nós.

Por isso é preciso colocar Deus em primeiro lugar em nossa vida, pois só perto dele a gente pode ser feliz.

Celebração

✦ Neste momento ouça, com atenção, a proclamação do livro do Gênesis 2,1-3. Depois, reflita e partilhe a Palavra de Deus.

✦ Encerrar, solenemente, esta celebração, cantando com muita alegria:

Este é o dia (Salmo 117)
Este é o dia que o Senhor fez para nós:
Alegremo-nos e nele exultemos!

1. Dai graças ao Senhor porque ele é bom!
"Eterna é a sua misericórdia!"
A casa de Israel agora o diga:
"Eterna é a sua misericórdia!"

2. A mão direita do Senhor fez maravilhas,
A mão direita do Senhor me levantou.
Não morrerei, mas ao contrário viverei
Para cantar as grandes obras do Senhor! (KOLLING, 2004)

Atividades

1) Após a partilha, anote o que você tem a agradecer a Deus na missa:
_____
_____
_____
_____

2) Você é convidado a decorar um marca-página, que poderá ser guardado em sua Bíblia para ser usado nos encontros.

3) Conforme a orientação do seu catequista, leia o diálogo de Paulo e Maria:

Catequista: Certo dia, Paulo e Maria estavam conversando:

Meninos: – Maria, como foi a sua semana?

Meninas: – Foi legal, Paulo. Aprendi matéria nova na escola e na catequese fiquei conhecendo muitas coisas sobre Deus. Ganhei, também, um sapato novo da minha mãe. E você, o que tem para me contar?

Meninos: – A minha semana não foi tão boa, Maria. Na escola, não fui bem nas provas. Faltei à catequese porque estava chovendo. E também passei por uma gripe forte, até tosse me deu. Mas, mudando de assunto, o que você pretende fazer domingo?

Meninas: – Vou dormir até tarde, almoçar na casa da Carol e, à tarde, vou ao *Shopping* com minhas amigas. Quero aproveitar o domingo para me divertir. E você, Paulo, o que pretende fazer?

Meninos: – Domingo eu vou levantar cedo para ir à missa, agradecer a Deus pela semana que eu tive. Preciso agradecer pela nota baixa que tirei na prova; eu a mereci, pois não havia estudado. Pedir desculpa a Deus por ter faltado à catequese só porque estava chovendo. E agradecer a Deus pelo remédio para gripe que minha mãe me deu e o delicioso xarope de puejo que ela fez para mim. Vou almoçar junto com a minha família. À tarde, vou visitar o André, que quebrou o braço.

Catequista: – Maria, ouvindo tudo isso, sentiu-se envergonhada. E, a partir desse dia, o domingo se tornou para ela um dia especial. Primeiramente ela vai à igreja participar da missa para louvar e agradecer a Deus; almoça com a família e, depois, passeia com os amigos. Hoje, Maria tem consciência que domingo é o dia do Senhor.

Mensagem para minha vida:
_____
_____
_____

4) Complete as frases descobrindo as palavras:

- Sou um BOM MENINO(A), Todo _____ (MIDONOG) vou à missa louvar e agradecer a Deus.

- Domingo é um dia abençoado e santificado por _____ (USED).

- Eu gosto de ir à _____ (AIGERJ), pois ela é a casa de Deus.

- No Domingo vou passear com a minha _____ (MIFAIAL).

- Precisamos colocar Deus em primeiro lugar em nossa _____ (AIDV).

Compromisso do encontro

✖ Escreva em poucas palavras o que você aprendeu sobre o Dia do Senhor:

_____
_____
_____

✖ Domingo é o dia da gente se reunir na casa de Deus para louvar e agradecer tudo o que Ele nos dá no decorrer da semana. Propomos:

- Ensine o que você aprendeu neste encontro a um amigo e convide-o para participar da missa.

Diálogo com a família

Converse com seus pais e reflitam: quais coisas Deus tem lhes dado no decorrer desta semana e, portanto, estarão agradecendo a Ele na missa? Anote a resposta:

_____
_____
_____
_____

10 COMO O PECADO APARECEU NO MUNDO?

Hoje você vai aprender que nós somos as criaturas mais perfeitas que Deus criou. Ele nos criou por amor, para sermos seus amigos e vivermos felizes junto dele para sempre.

Mas, alguém resolveu estragar o plano de Deus. Veja como aconteceu.

Deus colocou o primeiro casal, Adão e Eva, para viverem felizes para sempre no jardim do Éden, o Paraíso.

Deu-lhes inteligência, liberdade, vontade livre e capacidade de amar. Adão e Eva podiam escolher o bem ou o mal, a vida ou a morte.

Deus lhes disse:

– "Vocês podem comer os frutos de todas as árvores que há no jardim, menos aquele da árvore do conhecimento do bem e do mal, que está no meio do jardim. No dia que me desobedecerem, vocês morrerão".

Enquanto foram obedientes a Deus eram felizes e viviam em perfeita amizade com Ele.

Quando, enganados pela serpente, desobedeceram a Deus e comeram o fruto proibido, cometeram pecado e foram expulsos do Paraíso.

Como esse foi o primeiro pecado cometido no mundo é chamado pecado original porque está na origem de todos os outros pecados.

Por causa do pecado, o mal, o sofrimento e a morte entraram no mundo.

✦ Coloque-se, agora, em atitude de escuta e respeito para ouvir a proclamação do livro do Gênesis 3,1-6. Logo após, você será convidado a refletir e partilhar a Palavra de Deus.

1) Com sua Palavra, Deus quer iluminar a nossa vida. Anote o que é preciso fazer para evitar o pecado.

_____
_____
_____
_____

2) Você é convidado a ouvir duas estórias que seu catequista irá lhe contar, com a finalidade de levá-lo a pensar na grandeza do amor de Deus, que o criou para o amor e para praticar apenas o que é bom. Pense no poder do mal, que tenta tirar o amor do seu coração, só para que você faça coisas erradas.

Mensagem da estória "Pedro faz a melhor escolha":

_____
_____
_____
_____

Mensagem da estória "O brinquedo novo de Mateus":

_____
_____
_____
_____

3) Pecado é a gente usar a nossa liberdade para fazer o contrário do que Deus nos ensina.

Separar nas colunas corretas as seguintes palavras: perdão, injustiça, mentira, amor, egoísmo, partilha, inimizade, justiça, ambição, união, amizade, fofoca, desunião, sinceridade, briga e caridade.

Pecado	Boas atitudes

4) Para mudar de vida, primeiro é preciso reconhecer as nossas faltas, arrepender-se e decidir não mais pecar. Que tal terminar este encontro, pedindo perdão a Deus com este canto?

Perdão, Senhor, tantos erros cometi

1. Perdão, Senhor, tantos erros cometi. Perdão, Senhor, tantas vezes me omiti. Perdão, Senhor, pelos males que causei, pelas coisas que falei, pelo irmão que julguei.

2. Perdão, Senhor, porque sou tão pecador. Perdão, Senhor, sou pequeno e sem valor. Mas mesmo assim tu me amas. Quero então te entregar meu coração, suplicar o teu perdão. (KOLLING, 2004)

Piedade, Senhor, tem piedade, Senhor, meu pecado vem lavar com teu amor.

Compromisso do encontro

✖ Diante de tudo o que aprendeu hoje, anote o que foi mais importante para você.

_____
_____
_____
_____

✳ Deus nos criou para o amor e para praticar apenas o bem. Precisamos usar a nossa inteligência e dizer não ao pecado. Propomos:

• Na oração da manhã, pedir a Deus para ajudá-lo a fazer apenas o que é da vontade dele (obedecer aos pais, não brigar, não desperdiçar água, comida...).

• Na oração da noite, pensar um pouco nas atitudes que você praticou durante o dia. Caso tenho cometido algum pecado, pedir perdão a Deus e se esforçar para melhorar a cada dia.

• Rezar um Pai-nosso.

Diálogo com a família

Conte para seus pais o que você aprendeu sobre o pecado. Com a ajuda deles, escreva algumas das boas atitudes que você deve praticar em casa para evitar o mal e o pecado:

_____
_____
_____
_____

11 O DILÚVIO – DEUS COMEÇA UM MUNDO NOVO

Quando Deus criou o mundo tudo era muito bom. Mas, será que tudo continuou como Deus fez? Veja o que aconteceu:

"Com o passar do tempo, os homens e as mulheres se tornaram maus. Praticavam muitas maldades e violências, que prejudicavam a eles mesmos e a toda a criação.

Deus ficou arrependido de ter criado os seres humanos. Decidiu, então, começar tudo de novo.

Escolheu Noé e sua família porque ele era um homem justo, bom e vivia na amizade com Deus. Pediu para Noé construir uma arca (barco) muito grande e reforçada, para poder sobreviver durante o dilúvio que Deus iria mandar sobre a terra.

Depois Noé e sua família deveriam entrar na arca e levar, junto com eles, casais de todo tipo de animal. Assim a criação iria se salvar e a vida poderia continuar na terra.

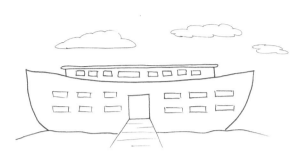

Noé fez tudo como Deus ordenou. Então, durante quarenta dias e quarenta noites, caiu uma tempestade muito forte (o dilúvio) e inundou toda a terra.

Dessa maneira, todos os seres vivos foram eliminados. Porém, todos os que estavam na arca foram salvos.

Após algum tempo que a chuva parou, Noé soltou uma pomba e ela voltou com um raminho verde no bico. Era sinal que as águas tinham baixado. Então, todos saíram do grande barco.

Deus abençoou Noé e seus filhos e disse-lhes:

– "Sejam fecundos, multipliquem-se e encham a terra".

Desse modo, um mundo novo começou.

Então, Deus prometeu a Noé que nunca mais a terra será destruída por um dilúvio. Como sinal dessa Aliança, colocou no céu o arco-íris".

elebração

✦ Fique atento para ouvir a proclamação do livro do Gênesis 6,17-22. A seguir, participe da reflexão e partilha da Palavra de Deus.

tividades

1) Pense qual atitude sua você deseja mudar, porque não está agradando a Deus?

_____
_____
_____
_____

2) Leia com atenção o que Deus disse a Noé: "Sai da arca, tu e tua mulher, teus filhos e as mulheres dos teus filhos contigo. Todos os animais que estão contigo, tudo o que é carne, aves, animais e tudo o que rasteja sobre a terra, faze-os sair contigo...".

Imaginando este acontecimento, desenhe Noé, seus filhos e os animaizinhos saindo da arca.

3) Complete os versículos seguintes, escolhendo entre estas palavras: VIVOS – NUVENS – ALIANÇA – MIM – ARCO:

"Quando eu reunir as_____sobre a terra e o_____aparecer, na nuvem, eu me lembrarei da_____que há entre_____e vós e todos os seres_____" (Gn 9,14-15).

4) A seguir, você irá desenhar e colorir um lindo arco-íris e fazer uma oração de amor a Deus:

5) No final desse encontro, cante, com alegria, a música "Erguei as mãos", fazendo os gestos próprios a cada animal, que seu catequista irá ensinar.

ompromisso do encontro

✖ Anote o que mais gostou de aprender sobre a história de Noé:

_____
_____
_____
_____

✖ Deus cuida das pessoas boas e justas. Propomos:

• Praticar boas atitudes na escola: ensinar os colegas que têm dificuldade em aprender, não conversar enquanto o professor está dando aula, não jogar lixo no chão...

• Praticar boas atitudes em casa: manter suas coisas organizadas, os afazeres da catequese em dia, reconhecer o que seus pais fazem por você, retribuindo-os com um gesto de carinho.

iálogo com a família

Conte a seus pais o que aconteceu com Noé e sua família quando houve o dilúvio sobre a terra. Pergunte-lhes sobre o cuidado e o carinho que Deus tem tido para com a sua família.

Com a ajuda deles, faça uma oração agradecendo a Deus por terem uma família boa e justa como a de Noé. Peça-lhe, também, para guardar a sua família contra todos os males como Ele fez com a família de Noé.

_____
_____
_____
_____

12 OS DEZ MANDAMENTOS: SINAIS DO AMOR DE DEUS

Amiguinho(a), como você já aprendeu, Deus nos criou para sermos seus amigos e para a gente viver feliz no paraíso. Mas, o pecado entrou no mundo e veio atrapalhar a nossa amizade com Deus.

Em todos os tempos, sempre existiram pessoas que não souberam viver como irmãos. Desse modo, estragaram o mundo perfeito que Deus criou.

Por causa do pecado surgiram: guerras, ódio, egoísmo, fome, miséria, desigualdade, violência, doenças e muitas outras coisas ruins.

Mas, Deus sempre vem socorrer os seus filhos, porque não gosta de ver ninguém sofrendo.

Então, com o passar do tempo, Ele chama pessoas justas e fiéis e lhes dá a missão de guiar o povo para o caminho do bem e da justiça.

Certo dia, Deus faz uma aliança com Moisés no Monte Sinai e lhe dá as tábuas da lei, isto é, os dez mandamentos. Essa lei deve ser cumprida por todas as pessoas de todos os tempos.

Caro amiguinho(a), os dez mandamentos são um caminho de vida que nos ensina a viver no amor, na justiça e na caridade. Por isso, é importante, desde pequeno, conhecer qual é a vontade de Deus.

Celebração

✦ Em clima de oração, ouça a proclamação do livro do Deuteronômio 6, 17-19.

✦ Depois, haverá reflexão e partilha da Palavra de Deus.

Atividades

1) Pare e reflita se você está disposto a colocar Deus em primeiro lugar na sua vida. E de que maneira pretende fazer isso?

_____

_____

_____

2) Para conhecer um pouco mais sobre a lei de Deus, leia os mandamentos e as explicações junto com seus colegas e catequista:

1º Amar a Deus sobre todas as coisas.
Devemos colocar as coisas de Deus em 1º lugar em nossa vida.

2º Não tomar seu santo nome em vão.
Não devemos dizer "Juro por Deus". O nome de Deus é santo.

3º Guardar domingos e festas de guarda.
Devemos participar da missa, pois domingo é dia do Senhor.

4º Honrar pai e mãe.
Devemos ter respeito e obediência a nossos pais.

5º Não matar.
Devemos amar o nosso próximo e não matá-lo em nosso coração por meio de julgamentos e fofocas.

Devemos cuidar e preservar a natureza, pois a vida das pessoas, animais e plantas depende dela para sobreviver.

6º Não pecar contra a castidade.
Devemos respeitar o nosso corpo e o dos outros.

7º Não furtar.
Devemos devolver o que nos foi emprestado. Não devemos pegar coisas sem permissão. Não devemos roubar, mas respeitar os bens dos outros.

8º Não levantar falso testemunho.
Não devemos julgar as pessoas, fazer fofocas, falar mentira. Devemos dizer a verdade.

9º Não desejar a mulher do próximo.
O namorado deve respeitar a sua namorada e vice-versa. O marido deve respeitar a sua esposa e vice-versa.

10º Não cobiçar as coisas alheias.
Não devemos ter inveja das coisas de outras pessoas.

3) Os mandamentos nos ajudam a viver a vontade de Deus. Em dupla, relacionem os respectivos mandamentos com o seu significado. Para ajudá-los consultem novamente os mandamentos e as explicações que constam no item 2.

(A) Amar a Deus sobre todas as coisas.   ( ) Não devemos ter inveja das coisas de outras pessoas.

(B) Não tomar seu santo nome em vão.   ( ) Devemos cuidar e preservar a natureza, pois a vida das pessoas, animais e plantas depende dela.

(C) Guardar domingos e festas de guarda.   ( ) Não devemos dizer "juro por Deus". O nome de Deus é santo.

(D) Honrar pai e mãe.   ( ) Devemos colocar Deus em 1º lugar em nossa vida.

(E) Não furtar.   ( ) Devemos participar da missa, pois domingo é o dia do Senhor.

(F) Não matar   ( ) Não devemos roubar, mas sim respeitar os bens dos outros.

(G) Não cobiçar as coisas alheias.   ( ) Devemos ter respeito e obediência a nossos pais.

4) Decifre o enigma e descubra que mandamento sou eu.

_____ _____ _____

_____

Compromisso do encontro

✖ Diante do que você aprendeu hoje, o que foi mais importante?
_____
_____
_____
_____

✖ Os mandamentos nos ensinam a viver o que é bom e agrada a Deus. Propomos:

• Não trocar a missa e a catequese por outro compromisso. Devemos amar a Deus sobre todas as coisas.

• Respeitar e obedecer os pais.

• Não fazer fofocas e não contar mentiras.

• Não ter inveja das coisas dos outros.

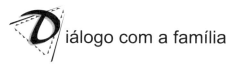

Diálogo com a família

Converse com seus pais e leia com eles as explicações dos dez mandamentos que constam na atividade 2. A seguir, anote se vocês estão dispostos a fazer o que Deus ensina por meio dos mandamentos:

_____
_____
_____
_____
_____
_____
_____

13 O NASCIMENTO DE JESUS

Durante muitos séculos, o povo esperou a vinda do Messias, o Salvador prometido por Deus.

Deus Pai cumpre a promessa e envia seu próprio Filho Jesus para vir morar no meio de nós.

Vamos descobrir como aconteceu?

Em Nazaré vivia Maria, uma jovem fiel a Deus, virgem, pura e santa. Ela recebe a visita do anjo Gabriel. Ele anuncia que Maria será a Mãe de Jesus, o Filho de Deus.

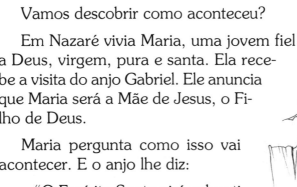

Maria pergunta como isso vai acontecer. E o anjo lhe diz:

– "O Espírito Santo virá sobre ti e o poder do Altíssimo te cobrirá com sua sombra".

Então, ela responde ao anjo:

– "Sim, faça-se em mim a vontade de Deus".

E Jesus começou a ser gerado no ventre de Maria.

Quando Ele estava para nascer, sua mãe e seu pai adotivo José se encontravam em Belém para um recenseamento.

A cidade estava cheia de gente. Não havia lugar para eles. Então, foram se abrigar num local onde ficavam os animais: uma estrebaria.

Ali nasce Jesus. Sua mãe o envolveu em faixas e o colocou numa manjedoura.

Um anjo anunciou o nascimento de Jesus aos pastores e eles correram para visitá-lo. Depois, contaram tudo o que viram e ouviram.

Então, um coro de anjos cantou:

"Glória a Deus nas alturas e paz na terra aos homens por Ele amados!"

Celebração

✦ Você é convidado a acolher com amor e respeito a Bíblia e a imagem da Sagrada Família (presépio), trazidas por seus colegas.

✦ Enquanto isso, cante com alegria:

Maria, Mãe de Jesus

Maria, Mãe de Jesus,
Jesus, filho de Deus,
E São José, generoso,
Sempre ao lado dos seus!

É a Família Sagrada,
Família abençoada!
Jesus, Maria e José
Sagrada Família de Nazaré,
Jesus, Maria e José
Louvores cantemos com muita fé. (bis)
(KOLLING, 2004)

✦ A seguir, ouça atentamente o que Deus vai lhe falar pela proclamação do Evangelho de Lucas 2,3-7. Depois, junto com o catequista e colegas, reflita e partilhe a Palavra de Deus.

tividades

1) Explique se você deseja ter Jesus no seu coração e na sua casa e por quê?
_____
_____

2) Imagine como a sua mãe deve ter ficado feliz quando soube que estava grávida de você. O coração de Maria também encheu-se de alegria quando o Anjo Gabriel lhe anunciou que seria a mãe de Jesus.

Coloque as palavras em ordem e descubra o que Maria respondeu ao anjo Gabriel:

| MIM | VONTADE | FAÇA-SE | EM | A | DEUS | DE | SIM |

_____
_____

3) Complete as frases seguintes, procurando na cruzadinha as palavras que faltam:

- O _____ esperou durante muitos séculos a vinda do _____, o Salvador prometido por_____.

- Deus Pai envia ao mundo seu próprio Filho _____.

- A Virgem _____ recebe a visita do anjo _____.

- O pai adotivo de Jesus se chama_____.

- Jesus nasce em _____ e sua _____ o coloca numa _____.

4) Leia, com seu catequista e colegas o seguinte diálogo e anote o que você aprendeu.

– Mamãe, ainda faltam alguns meses para o Natal, mas eu gostaria que a senhora adiantasse o meu presente.

– Mas já, minha filha? O que você quer ganhar?

– Eu quero de presente um cofrinho bem colorido.

– Ah! Já entendi! Está querendo guardar o dinheiro de sua mesada e, também, pedir a ajuda de seus tios e avós para encher seu cofrinho até o Natal.

– É isto mesmo, mamãe. Sabe o que vou fazer com o dinheiro?

– Até imagino! Vai num parque de diversões para se divertir em todos os brinquedos e tomar muito soverte; e, ainda, gastar o resto comprando CDs e bijuterias. Adivinhei minha filha?

– Mamãe a senhora sempre adivinha as coisas, mas desta vez a senhora errou.

– Não acredito! Quem mudou o seu coração e a sua maneira de pensar?

– Foi Jesus, mamãe! Depois que comecei a participar da catequese e aprendi que Jesus nasceu num lugar tão pobre e quanta alegria Ele trouxe com o seu nascimento. Eu desejei muito que Ele também nascesse no meu coração e eu descobrisse a alegria nas pequenas coisas, nas coisas simples e não mais nas coisas materiais, no luxo...

– Hoje, mamãe, Ele está presente no meu coração e eu desejo que neste natal Ele nasça no coração de muitas crianças.

– O que você quer dizer com isto, minha filha?

– Com o dinheiro do meu cofrinho quero comprar doces, salgadinhos, simples presentinhos. Vou fazer os pacotes e colocar um cartão escrito assim, mamãe: Jesus é o melhor presente que Deus nos deu! Hoje, Ele vem trazer para você muita paz, alegria e amor. Feliz Natal! Quero que a senhora e o papai me levem em um lugar onde moram famílias pobres. Quero abraçar cada criança e transmitir-lhe a alegria que eu sinto por ter Jesus no meu coração. Desejo que elas experimentem essa alegria.

A mãe, com lágrimas nos olhos, abraçou fortemente a sua filha.

Mensagem para a minha vida:

ompromisso do encontro

✖ O que aprendi com o nascimento de Jesus?

_____

_____

✖ Maria era uma jovem de coração puro e foi escolhida para ser mãe do Filho de Deus. Propomos:

– Manter a pureza do coração, fazendo, apenas, o que agrada a Deus.

– Acolher Jesus no seu coração, como Maria o acolheu no seu ventre.

iálogo com a família

Conte a seus pais o que você aprendeu com o nascimento de Jesus. Convide-os a rezar uma Ave-Maria, pedindo a Deus que lhes dê um coração puro e santo como o de Maria, para acolherem Jesus.

14. A INFÂNCIA DE JESUS

Amiguinho(a), igual a você Jesus nasceu pequenino e foi crescendo devagar. Agora você irá conhecer um pouco da infância dele.

"Quando completou oito dias, o menino começou a fazer parte do povo judeu. Deram-lhe o nome de Jesus que quer dizer Deus salva. Este nome foi dado pelo anjo antes de seu nascimento.

Quarenta dias depois, conforme mandava a Lei, Maria e José o levaram ao Templo, em Jerusalém, para apresentá-lo ao Senhor.

Lá encontraram o justo e piedoso Simeão e a profetisa Ana, que louvavam e glorificavam a Deus por terem visto Jesus, o Salvador.

Depois de cumprir a lei voltaram a sua cidade, Nazaré.

Jesus ia crescendo; aprendeu a rezar, a meditar a Palavra de Deus e a praticar a religião de seu povo. Com José ele aprendeu a profissão de carpinteiro.

Quando tinha doze anos, foi com sua família a Jerusalém para celebrar a festa da Páscoa. Nesta festa, o povo judeu agradecia a Deus que o libertou da escravidão no Egito.

Na volta, Maria e José acreditavam que Jesus estava na caravana, junto com os parentes e vizinhos. Mas, o menino tinha ficado em Jerusalém.

Você pode imaginar o susto deles?

Voltaram para procurar e só o encontraram depois de três dias.

O menino estava no Templo conversando com os doutores da Lei. Todos estavam admirados com sua inteligência e com suas respostas.

Sabe, amiguinho(a), o menino Jesus não crescia somente em tamanho, mas também em sabedoria e graça. Você já pensou nas coisas e nas pessoas que o ajudam a crescer em sabedoria e graça?

Eis algumas delas: o amor a Deus e aos irmãos, o conhecimento que você adquire na escola, na catequese, com seus pais, a ajuda e o bem que você faz aos outros, a vontade de aprender e de entender as coisas...

Celebração

✦ Você é convidado a cantar, com alegria, a música que seu catequista irá ensinar, se preparando para a proclamação do Evangelho de Lucas, 2,46-52. Depois, reflita e partilhe a Palavra de Deus.

Atividades

1) Expresse com suas palavras o que Jesus, aos 12 anos de idade, lhe ensina com o seu exemplo de vida:

___
___
___
___

2) Complete as frases, procurando na cruzadinha as palavras que faltam:

- Jesus crescia em tamanho, graça e _____.

- Jesus nos ensina o respeito e a _____ que devemos ter aos nossos pais.

- Jesus, com doze anos, foi com sua família a Jerusalém celebrar a festa da _____.

- Jesus nos ensina que desde a _____ devemos nos preocupar com as coisas de Deus.

- Com José, Jesus aprendeu a profissão de _____.

			O					
			B					
	S	A	B	E	D	O	R	I	A
			D					
			I	N	F	Â	N	C	I	A
			Ê					
C	A	R	P	I	N	T	E	I	R	O
		P	Á	S	C	O	A	
			I					
			A					

3) Com a inteligência somos capazes de fazer coisas maravilhosas. José era carpinteiro, usava sua inteligência para trabalhar em coisas de madeira.

Na infância Jesus usava sua inteligência para conversar com os doutores da Lei sobre as coisas de Deus.

E você, de que maneira tem usado a sua inteligência? Pense um pouco! Complete as frases, desembaralhando as palavras. Por último, poderá criar uma outra:

Uso a minha inteligência para _____ (TUESDAR)

Uso a minha inteligência para _____ (CARBRIN)

Uso a minha inteligência para _____ (ZARRE)

Uso a minha inteligência para _____ (NHARDESE)

4) Jesus, desde a sua infância, aprendeu a rezar e a meditar a Palavra de Deus. Nós também precisamos aprender a rezar nas diversas situações do nosso dia. Leia e ilustre com desenhos alguns momentos de oração.

ORAÇÃO DA MANHÃ	ORAÇÃO DA NOITE
Bom-dia, Jesus! Obrigado pelo descanso desta noite. Ajude-me nos deveres da escola, da catequese, na hora de brincar. Quero ser bom e obediente. Amém!	Obrigado Jesus por ter me protegido durante todo o dia. Eu te peço um sono tranquilo e perdão por tudo que fiz de errado, neste dia. Ajude-me a ser melhor no dia de amanhã. Amém!
ORAÇÃO ANTES DAS REFEIÇÕES	ORAÇÃO PELA FAMÍLIA
Obrigado, Jesus, pelo alimento, por esta comida que a mamãe preparou com carinho. Jesus ajude as crianças que estão com fome e não têm o que comer. Ensina-me a repartir. Amém!	Agradeço, Jesus, pela minha família: o papai, a mamãe, meus irmãos. Abençoe-os, Jesus. Não se esqueça do vovô e vovó, dos meus tios e primos. Amém!

ORAÇÃO PELA PROFESSORA E ESCOLA	ORAÇÃO PELOS AMIGOS
Agradeço, Jesus, pela minha escola e pela paciência e atenção da minha professora. Abençoe todos os alunos, professores, diretor, funcionários. Amém!	Querido Jesus! Cuida dos meus amigos. Não os deixe ter medo do escuro, de ladrões, de animais. Obrigado por todos eles. Amém!

ompromisso do encontro

✖ Escreva o que mais gostou de aprender sobre a infância de Jesus:

_____
_____
_____

✖ Jesus nos ensinou coisas importantes na sua infância. Propomos:

• Colocar as coisas de Deus em primeiro lugar.

• Ser submisso (respeitar e obedecer os pais).

• Crescer em tamanho, graça e sabedoria. Se alimentar corretamente e se interessar cada vez mais em aprender sobre Deus na missa e na catequese.

15 JESUS NOS REVELA O REINO DE DEUS

Na pessoa de Jesus, Deus se faz gente e vem viver entre nós. Jesus é realmente homem e Deus.

Ele é a maneira mais bonita que Deus Pai encontrou para dizer que nos ama.

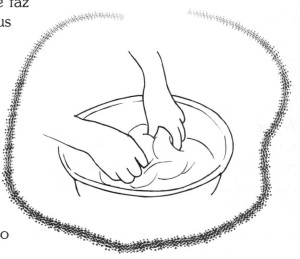

Aos trinta anos, Jesus inicia a sua missão e anuncia um mundo novo, onde tudo estará de acordo com o amor de Deus e todos serão felizes. E o chama de Reino de Deus ou Reino dos Céus.

Querido catequizando! Jesus nos fala que esse reino não é deste mundo porque suas leis são o contrário do que o mundo nos ensina. Nesse reino todos vivem na justiça, na paz, na alegria, no amor.

O Reino de Deus precisa ser construído aqui e agora. Para isso, Jesus convida a todos: eu, você, sua família, seus parentes e amigos, e todas as pessoas que têm fé, esperança e amor, para ajudá-lo na construção desse mundo novo. Para tornar esta vida parecida com o Reino de Deus.

Você aceita esta proposta?

elebração

✦ Agora, com muito respeito e atenção, ouça a proclamação de Evangelho de Jesus Cristo narrado por Mateus 13,31-33. Logo após, reflita e partilhe a Palavra de Deus

Atividades

1) Expresse com suas palavras de que maneira você tem ajudado o Reino de Deus crescer.

_____

_____

_____

2) Você é convidado a participar com seus colegas da dinâmica da semente, que seu catequista irá propor.

3) Agora, você é convidado a ouvir três pequenas estórias contadas por seu catequista e descobrir o que as boas atitudes são capazes de provocar nas pessoas:

Mensagem para minha vida:

4) Encerrar este encontro com o seguinte canto:

Deus chama a gente (Momento novo)

1. Deus chama a gente pra um momento novo: de caminhar junto com seu povo. É hora de transformar o que não dá mais; sozinho, isolado, ninguém é capaz!

Por isso vem, entra na roda co'a gente, também tu és aqui importante! Vem!

2. A força que hoje faz brotar a vida, atua em nós pela sua graça: é Deus quem todos convida para trabalhar, o amor repartir e as forças juntar. (KOLLING, 2004)

Compromisso do encontro

✖ Conte o que você mais gostou de aprender neste encontro:

____

____

____

✖ Todo gesto de amor é semente que faz crescer o Reino de Deus. Propomos:

- Repartir as coisas que você tem com quem não tem.
- Perdoar quem lhe ofende.
- Pedir perdão quando fizer algo errado.
- Respeitar e acolher a todos os irmãos, sem exceção.

Diálogo com a família

Conte a seus pais o que você mais gostou de aprender neste encontro. Com a ajuda deles anote quais boas atitudes vocês se propõem a praticar para que o Reino de amor, justiça e paz aconteça no mundo:

____

____

____

16 JESUS AMA AS CRIANÇAS

Certo dia, os Apóstolos tentaram impedir que algumas crianças se aproximassem de Jesus, mas Ele os repreendeu, dizendo:

– "Deixem que as crianças venham a mim e não as impeçam porque o Reino do Céu pertence a elas. Eu afirmo a vocês esta verdade: Quem não receber o Reino de Deus igual a uma criança, não entrará nele".

Então, elas se achegaram perto de Jesus. Ele estendeu os braços, as abençoou e elas puderam sentir o carinho e o grande amor de Jesus.

Jesus ama as crianças de maneira especial e deseja que todas as pessoas sejam parecidas com vocês, porque são: inocentes, puras, sinceras, simples, verdadeiras, humildes, alegres, amigas...

Ele também deseja muito que vocês conservem todas estas qualidades durante a vida toda e que nunca deixem morrer a criança que hoje mora em vocês, mesmo quando forem adultos ou bem velhinhos.

Como aconteceu com Jesus na sua infância e adolescência, Ele quer que vocês também cresçam em: "estatura (tamanho), sabedoria e graça diante de

Deus e das pessoas". E que participando da comunidade, dia após dia, vocês se tornem capazes de ajudá-lo a construir um mundo novo e melhor, onde reinem a paz, a justiça, o amor...

Lembrem sempre que Jesus é seu melhor amigo, aquele com quem vocês podem sempre contar: um amigo para todas as horas, com quem podem e devem conversar todos os dias.

elebração

✦ A música é a alegria do coração. Então, que tal demonstrar a sua alegria, cantando:

Meu coração é para ti, Senhor!

1. Meu coração é para ti, Senhor. Meu coração é para ti, Senhor. Meu coração é para ti.

Porque tu me deste a vida, porque tu me deste o existir, porque tu me deste o carinho, me deste o amor.

2. A minha vida é para ti, Senhor. A minha vida é para ti, Senhor. A minha vida é para ti. (KOLLING, 2004)

• Agora, em atitude de fé e respeito, ouça a proclamação do Evangelho de Jesus Cristo narrado por Mateus 18,1-5.

• A seguir, participe da reflexão e partilha da Palavra de Deus.

tividades

1) Anote de que maneira você tem retribuído a Jesus o amor que Ele tem por você.

_____
_____
_____

2) Agora, você é convidado a participar de uma dinâmica que o levará a refletir na importância da pureza do coração. A seguir, anote o que aprendeu.

Mensagem para a vida:

3) Em dupla, procurar no caça-palavras algumas palavras que constam no texto inicial: Reino do Céu, grande amor de Jesus, crianças, inocentes, puras, sinceras, simples, verdadeiras, humildes, alegres, amigas, mundo novo, paz, justiça e amor.

A seguir, que tal ajudar a completar o caça-palavras com outras palavras do texto inicial que você julgar importantes?

Q	D	U	R	O	M	A	Y	O	P	Z	A	P	Ç	J	F	G
S	E	H	R	E	I	N	O	D	O	C	É	U	T	Y	C	R
A	W	I	S	Z	F	H	J	K	L	J	K	D	H	A	E	A
Ç	A	N	D	H	J	U	S	T	I	Ç	A	E	U	D	Y	N
N	F	O	G									M	S	M	D	
A	S	C	F									I	E	W	E	
I	X	E	E									L	L	Ç	A	
R	S	N	S									D	P	K	M	
C	V	T	H									E	M	R	O	
Ç	L	E	K									S	I	W	R	
A	D	S	T									B	S	M	D	
L	S	F	G	H	J	A	M	I	G	A	S	K	L	Ç	P	E
E	W	Q	A	Z	V	C	N	M	Y	U	I	O	U	P	I	J
G	Z	X	V	O	V	O	N	O	D	N	U	M	R	U	W	E
R	W	E	R	T	E	U	W	T	Y	U	I	Ç	Q	R	X	S
E	Q	W	S	I	N	C	E	R	A	S	W	M	Y	A	U	U
S	P	S	A	R	I	E	D	A	D	R	E	V	Y	S	G	S

4) É muito importante ser amigo e ter amigos, pois Jesus quis ter amigos e ser amigo. Então, procure encontrar boas amizades e seja muito feliz!

Mas, lembre-se que amigo de verdade é aquele que quer o seu bem e o ajuda a crescer. E está ao seu lado nas horas boas e nos momentos difíceis.

Agora, junto com colegas, ouça uma bonita estória. Depois, em grupo, troque ideias para tirar um ensinamento para a sua vida:

Mensagem para a minha vida:
_____
_____
_____

5) Agora, você é convidado a expressar a Deus a alegria de ter muitos amigos, cantando a seguinte música.

A amizade!

A amizade é uma coisa tão bonita,
Tão verdadeira,
De vida inteira!
Amigo perto, amigo longe,
Amigo, amigo,
Sempre comigo,
No coração.

Viva, viva nossa bela amizade,
Na alegria e também na solidão!
Ter bons amigos – a maior felicidade!
Festa pra vida, alegria ao coração!
(KOLLING, 2004)

Compromisso do encontro

✖ O que você aprendeu neste encontro?

_____
_____
_____

✖ As crianças são amadas por Deus e devem manter seu coração puro e cheio de amor. Propomos:

– Praticar apenas o bem, não permitir que a raiva, fofoca, preconceito entre em seu coração.

– Rezar a Oração do Anjo da Guarda todos os dias, pedindo a ele que o guarde de todo o mal e você tenha sempre o coração cheio de amor e pureza de criança.

Diálogo com a família

Conversar com os pais sobre o que você aprendeu. Pergunte-lhes o que eles têm feito para manter o coração puro como uma criança, sem maldade e cheio de amor. Anote a resposta deles:

_____
_____
_____

17 JESUS, A ÁGUA VIVA

Hoje você vai saber um pouco mais sobre nosso querido amigo Jesus.

"Certa vez, Jesus, cansado de tanto andar, sentou-se ao lado do poço de Jacó. Uma mulher samaritana veio tirar água do poço. Ele lhe disse:

– "Dá-me um pouco de água!"

A mulher respondeu:

– "O Senhor me pede água? Eu sou samaritana e o senhor é judeu!" Ficou assustada porque os judeus não falavam com os samaritanos. Então, Jesus lhe disse:

– "Se soubesse quem sou eu, você pediria água a mim e eu lhe daria a água da vida, a água viva. Quem beber da água que eu darei, nunca mais terá sede! Porque essa água se tornará uma fonte viva e dará a essa pessoa a vida eterna!"

Mais que depressa, a samaritana pediu:

– "Senhor, dá-me dessa água, porque assim não terei mais sede e não precisarei mais vir aqui buscá-la!"

Então, Jesus revela à mulher que Ele é o Messias, o Cristo. E, para que acredite nele, fala tudo sobre a vida dela e o que ela fez.

A samaritana crê; corre à cidade e conta a todos o que Jesus lhe disse. Muitos samaritanos foram ao encontro de Jesus para ouvi-lo e acreditaram que Ele é, de verdade, o Salvador do mundo."

Amiguinho(a)! "Jesus é o Senhor da vida"! Ele mesmo é a água viva, que sacia a nossa sede e nos dá a vida eterna!

elebração

✦ Com muita alegria, acolha a Palavra de Deus, com o seguinte canto:

A vossa Palavra, Senhor

**A vossa Palavra, Senhor,
É sinal de interesse por nós.** (bis)
1. Como o pai ao redor de sua mesa,
revelando seus planos de amor.
2. É feliz quem escuta a Palavra,
e a guarda no seu coração. (KOLLING, 2004)

• Neste momento, fique em silêncio para ouvir o que Jesus vai lhe ensinar, por meio da proclamação do Evangelho de João 7,37-38.

• A seguir, participe da reflexão e partilha da Palavra de Deus.

tividades

1) Agora, expresse com suas palavras se você acredita que a Palavra de Jesus é viva e é capaz de colocar alegria, sabedoria e amor no seu coração:

_____

_____

2) Completar as seguintes frases com as palavras corretas: água, judeus, Jacó, Messias, sede, viva, eterna.

• Jesus sentou-se junto ao poço de _____.

• Ele pede a samaritana um pouco de _____.

• A mulher fica assustada porque os _____ não falavam com os samaritanos.

- Jesus lhe disse que quem beber da água que Ele mesmo dá nunca mais terá _____.

- Então, revela à mulher que Ele é o _____, o Cristo.

- Jesus é a água _____ que sacia a nossa sede e nos dá a vida_____.

3) Leia com seu catequista e colegas o seguinte diálogo. A seguir, responda as perguntas, colocando um X nas respostas corretas:

– Ana! Na catequese aprendi que Jesus é a água viva.

– Que água é essa, João?

– A água que Jesus nos dá é a sua Palavra, o seu ensinamento, cheio de sabedoria.

– Ainda não entendi. Você quer dizer que a Palavra de Jesus é viva?

– Ana, tudo que Jesus nos ensina é para o nosso bem, e, quando colocamos em prática seu ensinamento, vivemos felizes, não sentimos mais vontade de praticar coisas erradas. Eu já experimentei isso na minha vida. A Palavra de Jesus é viva, ela tem força para mudar o nosso coração. Ela não é uma palavra qualquer que lemos em algum livro, mas é uma palavra viva. Agora você entende?

– Pensando bem, João, eu também guardo em meu coração uma palavra que Jesus disse: "Amai vossos inimigos". Depois que ouvi essa Palavra, passei a fazer o bem para aqueles que não gostavam de mim. Hoje não consigo mais ter raiva deles e, sim, amá-los de verdade. Agora entendo o poder e a força que a Palavra de Jesus tem de transformar o nosso coração.

– Realmente, Ana, Jesus é a água viva, é nesta fonte que precisamos buscar a verdadeira alegria e não nas fontes poluídas do mundo. A TV, por exemplo, nos ensina quantas coisas erradas.

– Sabe, João, o que precisamos é dizer para Jesus o que lhe disse a Samaritana: "Senhor, dá-me dessa água."

– Isso mesmo, Ana, nós não queremos mais fazer coisas erradas, o que queremos é guardar a Palavra de Jesus no nosso coração e vivermos felizes.

A) Ana e João já experimentaram a água viva?

( ) sim   ( ) não

B) O que mudou na vida da Ana, quando ela ouviu a palavra de Jesus "amai vossos inimigos"

( ) Ana continuou com raiva dos seus inimigos.

( ) Ana passou a fazer o bem para os seus inimigos.

( ) A palavra de Jesus transformou a vida da Ana.

C) Onde encontramos a água viva?

( ) Nos programas da TV.

( ) Nas fofocas.

( ) No ensinamento de Jesus.

D) Você já experimentou a água viva, ou seja, já colocou em prática o ensinamento de Jesus. O que mudou na sua vida? Pense um pouco e responda com suas próprias palavras:

_____
_____
_____

4) Primeiramente, complete a frase e, a seguir, ilustre com desenhos a seguinte cena: Jesus lhe dando a água viva.

Eu _____ lhe peço, Jesus, dá-me a água _____ e sacia a minha _____ .

5) Que tal encerrar este encontro cantando, com alegria, a seguinte música?

Eu te peço desta água (És água viva)

Eu te peço desta água que tu tens.
É água viva, meu Senhor.
Tenho sede e tenho fome de amor,
E acredito nesta fonte de onde vens.

Vens de Deus, estás em Deus, também és Deus,
E Deus contigo faz um só.
Eu, porém, que vim da terra e volto ao pó,
Quero viver eternamente ao lado teu.

**És água viva, és vida nova,
E todo dia me batizas outra vez.
Me fazes renascer, me fazes reviver
E eu quero água desta fonte de onde vens.** (KOLLING, 2004)

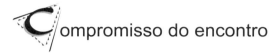

Compromisso do encontro

✖ Anote o que você mais gostou de aprender neste encontro:

_____
_____

✖ É importante desejar escutar o que Jesus lhes ensina por meio da sua Palavra. Propomos:

– Estar atento ao texto bíblico proclamado nos encontros de catequese.

– Participar da missa toda semana e ouvir com atenção o que Jesus tem a lhe dizer.

– Jamais deixar de realizar as propostas dos encontros, pois é o momento de você colocar em prática o ensinamento de Jesus.

Diálogo com a família

Com a ajuda de seus pais, pesquise na Bíblia Jo 7,37-38. Leia com eles, e, em seguida, anote o versículo que eles mais gostaram:

_____
_____
_____
_____

18 JESUS, O BOM PASTOR

Jesus quer que todos entendam a sua mensagem e, por isso, muitas vezes ensina por meio de parábolas.

Parábola quer dizer comparação. Jesus compara as coisas do Reino de Deus com as coisas da vida do povo, pois assim fica mais fácil entender. Ele deseja nos levar a refletir e viver como Deus quer.

Certo dia, Ele contou a seguinte parábola, dizendo:

"Eu sou o Bom Pastor, aquele que dá sua vida pelas ovelhas.

Assim como o Pai me conhece, e eu conheço o Pai, também conheço minhas ovelhas e elas me conhecem; ouvem minha voz e me seguem. Não seguem um estranho e não vão atrás de qualquer um, pois conhecem a voz do seu pastor.

Meu Pai me enviou para reunir todas as pessoas numa grande família, como o pastor reúne todas as ovelhas num grande rebanho. Eu vim para que todos tenham vida e muita vida".

Querido catequizando! Todos nós somos as ovelhinhas e Jesus é o nosso Bom Pastor. Para nos salvar Ele deu a sua vida, morrendo pregado numa cruz. E nos ensina o caminho mais seguro para um dia a gente ir morar com Ele no céu.

Celebração

✦ Agora, com respeito e atenção, ouça a proclamação do Evangelho de Lucas 15,4-7. A seguir, participe da reflexão e partilha da Palavra de Deus.

Atividades

1) Que tal contar, escrevendo em forma de história, se você já trouxe de volta à catequese ou à missa, algum colega seu que estava afastado? De que maneira fez isto?

_____
_____
_____

2) Organize, com seu catequista e colegas, uma encenação da estória o Bom Pastor, da tia Corina.

   Mensagem para a vida:

3) Complete as frases com as seguintes palavras: preguiçosa, ovelhinhas, desobediente, nome, Jesus.

• Nós somos as ovelhas do rebanho de _____.

• O Bom Pastor conhece cada ovelha pelo _____.

• Quando a mamãe me chama para almoçar à mesa, mas não obedeço e almoço na sala assistindo TV, eu sou uma ovelhinha_____

• Quando tenho preguiça de guardar no lugar certo os brinquedos, material escolar e de catequese, eu sou uma ovelhinha _____.

• Jesus espera que sejamos boas_____

4) Procure no caça-palavras as seguintes palavras que nos lembram o Bom Pastor:

Jesus, ovelhas, rebanho, voz, segurança, vida, cuidado, proteção, amor.

S	R	Y	U	O	P	D	G	N	V	O	Z
S	X	J	Y	A	M	O	R	Z	X	A	M
O	F	E	Y	T	U	I	O	P	Ç	L	J
V	S	S	F	G	K	Ç	X	R	W	Z	R
E	A	U	Q	R	E	V	I	D	A	D	E
L	Z	S	X	B	C	M	F	R	H	J	B
H	Q	T	W	E	Y	I	O	J	M	F	A
A	A	S	P	R	O	T	E	Ç	Ã	O	N
S	Q	Y	Z	X	B	H	X	W	Y	V	H
W	H	C	U	I	D	A	D	O	F	I	O
A	D	F	G	J	L	Ç	P	I	T	E	W
Q	Y	S	E	G	U	R	A	N	Ç	A	N

5) Você é convidado a cantar a música **"Eu era ovelha"**. Lembrando que, embora às vezes seja uma ovelhinha desobediente, preguiçosa, o Bom Pastor não desiste de você porque Ele o ama.

Eu era ovelha

1. Eu era ovelha desgarrada e sem pastor, não mais vivia no aconchego de meu Deus, mas o Senhor não me deixou sem amor e então voltei e vi brilhar os sonhos meus!

A ti, meu Deus, voltei e na alegria teus caminhos vou trilhar, teu amor encontrei e com teu povo venho agora te louvar!

2. Eu tinha tudo para viver e ser feliz, mas outra vida fui buscar longe de Deus, porém o Pai no seu amor sempre me quis e então voltei e vi brilhar os sonhos meus!

3. A minha herança no pecado eu dissipei, meu coração não mais pulsava no meu Deus, mas o perdão de meu Senhor eu encontrei e então voltei e vi brilhar os sonhos meus! (KOLLING, 2004)

Compromisso do encontro

✖ Anote o que você aprendeu sobre o Bom Pastor:

_____
_____
_____

✖ Jesus o Bom Pastor conhece cada um de nós pelo nome. Precisamos estar atentos para ouvir a sua voz, que nos chama a sermos boas ovelhinhas e a vivermos unidos no amor. Propomos:

- Estar atento aos colegas que se encontram sozinhos ou afastados da Igreja. Levar amor a eles, trazendo-os para participar de sua comunidade.

- Ser uma ovelhinha obediente, carinhosa e bondosa para com todos.

Diálogo com a família

Converse com os seus pais sobre o cuidado e a proteção do Bom Pastor. Pergunte-lhes se algum dia eles se afastaram da comunidade e de que maneira Jesus os trouxe de volta.

Anote a resposta deles:
_____
_____
_____
_____
_____

19 PARÁBOLA DO JOIO E O TRIGO

Você já viu um pé de trigo? Enquanto estão crescendo, as plantas de joio e trigo são muito parecidas. Somente quando o trigo começa a criar os grãos é que se percebem quais são as ervas más (o joio). Por este motivo, somente na hora da colheita é possível separar um do outro, para evitar que ao arrancar o joio se arranque também o trigo.

Na parábola do joio e o trigo, um homem semeou sementes de trigo. Algum inimigo querendo estragar a sua plantação semeou o joio (erva ruim) no meio do trigo. O dono do campo, usando a sua sabedoria, deixou as plantas crescerem juntas, para separá-las no momento da colheita.

Com esta parábola Jesus nos ensina que o trigo representa as boas atitudes que existem em nós e no mundo: amor, fraternidade, partilha, solidariedade... O joio representa as más atitudes que há em nós e nos outros: egoísmo, inveja, raiva, ambição...

Amigo catequizando! Assim como o joio e o trigo desta parábola, o bem e o mal crescem juntos dentro de nós e das outras pessoas. Da mesma maneira que os pais, catequistas e outras pessoas corrigem com amor e paciência os nossos defeitos, nos ajudando a sermos melhores, precisamos também ter paciência com os defeitos dos colegas, ajudando-os a escolher o caminho do bem.

Celebração

✦ Agora, você é convidado a ouvir atentamente a proclamação do Evangelho de Mateus 13,24-30. Logo após, reflita e partilhe a Palavra de Deus.

Atividades

1) Descreva o que existe em você que é bom e faz as pessoas felizes. E o que em você precisa ser corrigido:

_____
_____

2) Leia com seu catequista e colegas o diálogo de Vitor e Hugo e anote o que você aprendeu:

> – Hugo, o que você mais gostou de aprender sobre a parábola do joio e do trigo que ouvimos hoje?
> – Achei interessante saber que o bem e o mal crescem juntos e todos os dias teremos de escolher entre um e outro.
> Todas as manhãs vou rezar e pedir a Deus que me ajude a fazer apenas o que é certo, o que agrada a Deus.
> E você, Vitor, do que mais gostou?
> – Achei legal aprender que precisamos saber lidar com o mal e não deixar ele nos vencer.
> Lembrei-me que ontem não estudei para a prova da escola. Eu devia ter combatido o mal da preguiça. Hoje reconheço que a preguiça não é uma coisa boa, ela não me ajudou em nada na hora da prova.
> Você já havia pensado nisso, Hugo?
> – Sabe, Vitor, pensando bem, esta parábola nos mostra que o mal não está apenas no outro, mas também em nós.
> Cada vez que desobedeço a meus pais, que faço fofocas, pratico o mal, faço algo que não agrada a Deus.

Mensagem para a vida:

_____
_____
_____
_____

3) Relacione a 1ª com a 2ª coluna, ligando as frases que se completam:

1) O trigo representa as ( ) colegas, ajudando-os a escolher o caminho do bem.

2) Assim como o joio e o trigo desta parábola ( ) boas atitudes que existem em nós e no mundo.

3) O joio representa as ( ) o bem e o mal crescem juntos dentro de nós e das outras pessoas.

4) Precisamos ter paciência com os defeitos dos ( ) más atitudes que há em nós e nos outros.

4) Que tal procurar no caça-palavras algumas palavras importantes que você aprendeu neste encontro? Jesus – sementes – campo – joio – trigo – inimigo – paciência – colheita – sabedoria – boas atitudes – bem – mal – amor – paz – alegria:

Ç	K	J	F	D	J	O	I	O	R	Y	I	Q	Z
L	C	E	V	C	X	Z	M	N	B	C	N	R	S
A	E	S	R	A	T	R	I	G	O	W	I	Q	E
I	Q	U	R	T	Y	U	I	O	P	L	M	S	M
R	Z	S	X	S	O	M	E	B	C	B	I	J	E
O	W	Q	E	T	U	G	S	H	J	L	G	Z	N
D	S	C	O	L	H	E	I	T	A	C	O	Z	T
E	N	B	V	C	X	Z	S	Z	D	H	J	J	E
B	D	F	G	P	A	C	I	Ê	N	C	I	A	S
A	A	S	D	F	G	H	J	J	K	L	X	Ç	L
S	D	F	J	A	M	O	R	G	L	A	M	K	J
Z	C	A	M	P	O	Q	E	R	T	Y	U	O	I
Q	Y	B	O	A	S	A	T	I	T	U	D	E	S
W	Q	Z	A	P	E	A	I	R	G	E	L	A	Y

5) A vida é bonita, não vale a pena estragá-la praticando o que é mal. Demonstre a sua alegria por só ter amor no seu coração, cantando a música:

Cantai ao Senhor (Sl 97)

1. Cantai ao Senhor um cântico novo.
Cantai ao Senhor um cântico novo.
Cantai ao Senhor, cantai ao Senhor!
2. Porque ele fez, ele faz maravilhas.
Porque ele fez, ele faz maravilhas.
Cantai ao Senhor, cantai ao Senhor!
3. Jesus é o Senhor! Amém! Aleluia! Jesus é o Senhor! Amém! Aleluia! Cantai ao Senhor, cantai ao Senhor!
4. Louvai ao Senhor! Amém! Aleluia! Louvai ao Senhor! Amém! Aleluia! Louvai ao Senhor, louvai ao Senhor!
(KOLLING, 2004)

Compromisso do encontro

✖ Expresse com suas palavras o que Jesus lhe ensinou por meio da parábola do joio e do trigo:

___
___
___

✖ Deus espera que você sempre escolha o bem. Propomos:

– Aproveitar cada minuto para fazer o bem.

– Caso cometer algum erro, procurar corrigir e não mais cometê-lo.

– Colocar os compromissos com as coisas de Deus sempre em primeiro lugar na sua vida.

Diálogo com a família

Conte a seus pais o que você aprendeu. Peça-lhes que dê um exemplo de alguma atitude boa que você tem deixado de praticar.

Anote que atitude você se propõe a praticar:

___
___
___
___

20 PARÁBOLA DO PAI BONDOSO – DEUS NOS PERDOA

"Certa vez, os publicanos e pecadores se aproximaram de Jesus para o escutar. Os fariseus e os doutores da Lei desprezavam essas pessoas e criticavam Jesus porque recebia e até comia com os pecadores. Então, Jesus contou-lhes esta parábola:

"Um homem tinha dois filhos. O mais novo disse a seu pai:

– 'Dá-me a parte da herança que me pertence'.

O pai respeitou a vontade e a liberdade do filho; deu o dinheiro que lhe pertencia e o deixou ir embora. O filho ingrato viajou para bem longe e gastou tudo o que possuía em festas, jogos e bebidas.

Quando se viu em dificuldades, passando fome e tendo que cuidar dos porcos de seu patrão, lembrou-se da bondade de seu pai, de sua casa e, arrependido, teve coragem para voltar. Disse:

– 'Vou procurar o meu pai e dizer-lhe: Pai, pequei contra Deus e contra ti; já não mereço ser chamado teu filho; trata-me como a um dos teus empregados'. E assim agiu.

Mas, o seu pai o viu ao longe, correu ao seu encontro, o abraçou e o cobriu de beijos. E disse aos empregados:

– 'Tragam a melhor túnica, coloquem um anel no seu dedo e sandálias nos pés. Matem o novilho gordo. Vamos fazer um banquete, porque este meu filho estava morto e tornou a viver; estava perdido e foi reencontrado'. E a festa começou".

Sabe o que Jesus nos ensina nesta parábola?

Que Deus é um Pai bondoso. Quando nos afastamos dele, somos como esse filho, que exigiu tudo do pai para viver a sua maneira. Longe de Deus e da sua graça, podemos cometer muitos pecados.

Deus, que é Pai, ama e recebe com carinho todo aquele que dele se afastou e volta arrependido. Ele está sempre pronto a perdoar qualquer um de nós. E se alegra por causa de um pecador que se converte.

elebração

✦ Para conhecer o final dessa parábola do Pai Bondoso você é convidado a ouvir a Proclamação do Evangelho de Lucas 15,25-32. Em seguida, haverá reflexão e partilha da Palavra de Deus.

tividades

1) Anote se você já se arrependeu de algum erro cometido e se pediu perdão a Deus:

_____
_____

2) Seguindo as "pistas", complete as frases e as "palavras cruzadas".

   1. O _____ respeitou a vontade e a liberdade do filho.

   2. O filho ingrato viajou para bem _____ e gastou tudo o que possuía em festas, jogos e bebidas.

   3. Quando se viu em dificuldades, passando fome e tendo que _____ dos porcos de seu patrão...

   4. Ele lembrou-se da _____ de seu pai, de sua casa e, arrependido, teve coragem para voltar.

   5. "Pai, pequei contra Deus e contra ti; já _____ mereço ser chamado teu filho".

   6. O pai disse: "Vamos fazer um banquete, porque este meu filho estava morto e tornou a viver; estava perdido e foi _____."

3) Leia e ilustre a estória em quadrinhos e descubra qual a semelhança com a parábola do Pai Bondoso.

Pai, dá para o senhor adiantar a mesada do próximo mês?	Aqui estão, meu filho, R$ 20,00.
Júlio, no mesmo dia, gasta os R$ 20,00 no parque de diversão, se arriscando nos brinquedos mais perigosos.	Logo vem a notícia: Júlio estava todo "ferido" e ainda ficou devendo R$ 15,00 para a pessoa que o trouxe de táxi para casa.
O pai de Júlio foi logo pagando o táxi, e preparando um copo de leite quente com chocolate para o filho beber.	O pai de Júlio o abraçou, ainda antes de ele lhe dizer que nunca mais iria aprontar uma situação daquela.

O irmão de Júlio não gostou da atitude do Pai e lhe disse: Eu uso a minha mesada apenas para doar na hora do ofertório na missa e comprar lanche na escola. O senhor nunca me preparou leite quente com chocolate e para esse seu filho o senhor até isso prepara!

O pai lhe disse: Meu filho, seu irmão poderia ter até morrido nos brinquedos perigosos. Mas, ele voltou com vida. É preciso que nós cuidemos dele e nos alegremos.

Mensagem: Se nosso pai terreno é capaz de nos receber com carinho e nos perdoar, quanto mais nosso Pai que está no céu nos perdoa!

4) Deus é meu Pai e me ama muito. Às vezes sou ingrato como o filho da parábola, e também erro. Mas, Deus me recebe, me perdoa, e eu, arrependido, posso lhe dizer por meio deste canto:

Perdão, Senhor

Perdão, Senhor, por ter-te ofendido. A teus pés volto arrependido.
Perdão, Jesus, reconheço meu pecado, certeza tenho de ser perdoado.
Perdão, Senhor, Senhor meu Deus, tem piedade dos filhos teus. (KOLLING, 2004)

Compromisso do encontro

✖ Anote qual foi o ensinamento mais importante para você da parábola do Pai Bondoso.

_____
_____
_____
_____

✖ Longe de Deus podemos cometer muitos erros. Propomos:

– Rezar todos os dias, pois a oração o aproxima de Deus.

– Ao invés de julgar os erros dos outros, procurar enxergar seus próprios erros e se arrepender.

iálogo com a família

Conte a seus pais, com as suas palavras, a parábola do Pai Bondoso. Pergunte-lhes qual parte mais gostaram. A seguir, ilustre-a por meio de um desenho:

21 PARÁBOLA DO BOM SAMARITANO

Caro amiguinho(a), veja que belo ensinamento Jesus nos dá, quando responde a um doutor da lei esta pergunta:

– "Mestre, que devo fazer para ter a vida eterna?"

Então, Jesus lhe perguntou:

– "O que a Bíblia diz sobre isso?"

O homem respondeu:

– "Ame o Senhor teu Deus com todo o teu coração, com toda a tua alma, com todas as tuas forças e com toda a tua inteligência. E ame o teu próximo com tu amas a ti mesmo".

– "Faça isso e você viverá", disse-lhe Jesus.

Querendo se desculpar, o homem lhe perguntou:

– "E quem é o meu próximo"?

Então, Jesus contou esta parábola:

– "Um homem descia de Jerusalém para Jericó. No caminho, alguns ladrões o assaltaram, bateram nele e o deixaram quase morto.

Por acaso, passava por ali um sacerdote que o viu e foi embora. Passou também um levita (pessoa muito religiosa) que o viu e seguiu adiante.

Mas, um samaritano, que descia pelo mesmo lugar, quando o viu teve compaixão (pena) dele. Aproximou-se e limpou suas feridas com azeite e vinho; depois, colocou-o sobre o seu animal e o levou a uma pensão, onde cuidou dele. No dia seguinte, entregou duas moedas de prata ao dono da pensão e disse-lhe:

– "Cuida dele e quando eu voltar lhe pagarei o que gastar a mais."

– "Qual destes três lhe parece que foi o próximo daquele que caiu nas mãos dos ladrões?"

Ele respondeu:

– "Aquele que teve pena e o socorreu."

Disse-lhe então Jesus:

– "Vá e faça a mesma coisa."

Celebração

✦ Organize, com seu catequista e colegas, uma encenação da história contada no Evangelho de Lucas 10,25-37. Depois reflitam e partilhem a Palavra de Deus.

Atividades

1) Após a partilha, expresse com exemplos:

- Como ser bom samaritano com os colegas que podem estar precisando de ajuda?

_____
_____
_____

- Como ser bom samaritano com a mamãe, diante dos afazeres de casa?

_____
_____
_____

- Como ser bom samaritano com as pessoas idosas, doentes...?

_____
_____
_____

2) Leia e ilustre a estória em quadrinhos "Os dois amigos":

Pedro e Samuel eram amigos e costumavam ir à praia juntos.	Certo dia, Samuel estava se afogando e Pedro arriscou a sua vida para salvar seu amigo.
No dia seguinte, Samuel escreveu com um estilete em uma rocha, colocando a data: Hoje, meu amigo Pedro foi um "bom samaritano", porque salvou-me do afogamento.	O tempo passou. Pedro era meio explosivo e rebelde. Certo dia, perdeu a paciência e deu um tapa em Samuel.

Samuel escreveu na areia: "Hoje, meu amigo Pedro, por motivo fútil, deu-me um tapa". Colocou a data.

Pedro pergunta a Samuel: "Por que quando eu pratiquei uma boa atitude você escreveu na rocha? E no dia que pratiquei uma atitude má, você escreveu na areia"?

Samuel respondeu: As atitudes que recebemos do "bom samaritano" devemos escrever na rocha para que não sejam apagadas. E vendo estas boas atitudes possamos também ser "bons samaritanos" para outras pessoas.

Samuel continuou: As atitudes que não gostamos, devemos escrever na areia para que sejam apagadas com o vento. E assim, esquecendo-as, jamais nos lembremos de praticá-las.

Catequizando, que tal escrever no quadro, que representa a rocha, as boas atitudes que você recebeu de seus pais, colegas... e deseja imitá-las!

Que tal escrever no quadro que representa a areia as atitudes que você não gosta e não deseja jamais praticá-las ao próximo!

3) Muitas vezes nós vivemos como estranhos, mas Deus quer que sejamos o próximo dos nossos irmãos. Marque com um X qual é a atitude certa de um verdadeiro cristão, nas seguintes situações:

* A casa do Sr. Joaquim está pegando fogo.
  - ( ) Olho e passo adiante.
  - ( ) Vou chamar o bombeiro e avisar os vizinhos para ajudá-lo.

* O Sr. João passou mal e desmaiou na rua.
  - ( ) Vou chamar a ambulância e avisar a família.
  - ( ) Olho e não faço nada.

* Você ganhou um brinquedo novo.
  - ( ) Esconde-o para ninguém estragar.
  - ( ) Chama os colegas para brincarem juntos.

* Você sabe muito sobre matemática.
  - ( ) Ajuda o colega que tem dificuldade em aprender.
  - ( ) Deixa que ele vá mal na prova.

* Sua vizinha precisa passar a tarde no hospital e não tem quem cuide do seu filho.
  - ( ) Não tenho nada com isso, pois o problema é dela.
  - ( ) Ele fica brincando em sua casa.

4) Agora seu catequista irá lhe contar a estória "A bolsa de Dona Canguru". Fique atento e descubra quem são os bons samaritanos nessa estória. A se-

guir, em grupos troquem ideias sobre as perguntas de reflexão. Depois anote o que você aprendeu:

Perguntas para reflexão:
- Qual a maior preocupação da Dona Canguru?
- Quem ajudou Dona Canguru resolver seu problema?
- Dona Canguru tinha um coração grande, coração de mãe?
- O que você deve fazer para ter um coração cheio de amor, para retribuir com obediência, respeito... toda a preocupação e o cuidado que sua mãe tem por você?
- Como o homem do avental, de alguma maneira você já ajudou alguém que estava em uma situação difícil?
- Quem são os bons samaritanos dessa estória?
• Pedir que um representante de cada grupo leia suas respostas e o ensinamento que tiveram com essa estória.

Mensagem para a vida:

5) Pesquise na sua Bíblia o versículo de Provérbios 3,27. Anote-o e guarde-o em seu coração:

_____
_____

ompromisso do encontro

✖ O que você achou mais importante aprender por meio da parábola do bom samaritano?

_____
_____
_____

✖ Hoje, muitos irmãos necessitados precisam da ajuda de alguém que tenha bom coração como o samaritano. Deus quer ajudá-los, mas conta com cada um de nós para realizar este trabalho. Você quer colaborar? Então propomos:

- Ajudar a quem precisa.
- Perdoar a quem erra.
- Acolher o irmão.

Diálogo com a família

Pergunte a seus pais quais pessoas no seu bairro podem estar precisando de ajuda ou, até mesmo, de uma visita. Leia com eles Lc 10,25-37 e convide-os a praticar o gesto do “bom samaritano”.

22 JESUS, A VERDADEIRA VIDEIRA

Que tal conhecer, hoje, mais um ensinamento de Jesus?

– Certo dia, Jesus assim falou aos seus discípulos:

– "Eu sou a videira verdadeira e meu Pai é o agricultor. Ele corta todos os ramos que não dão uvas. Mas, Deus poda e limpa os ramos que dão uvas, para que deem mais ainda.

Vocês já estão limpos, por causa da palavra que lhes anunciei.

Continuem unidos a mim e eu continuarei unido a vocês; pois só podem dar frutos se ficarem juntos a mim, assim como os ramos só dão frutos quando estão unidos à videira. Porque sem mim vocês não poderão fazer nada.

Eu sou a videira e vocês são os ramos. Se ficarem unidos a mim e as minhas palavras continuarem em vocês, tudo o que pedirem receberão.

A glória de meu Pai é conhecida por meio das boas ações (frutos) que vocês praticam e, assim, se tornarão meus discípulos.

O meu amor por vocês é como o amor de meu Pai por mim. Continuem em meu amor, obedecendo meus mandamentos.

Eu falo isto para que a minha alegria esteja em vocês, e a sua alegria seja completa".

Celebração

✦ Fique atento para ouvir a proclamação do Evangelho de Jesus Cristo narrado por João 15,5.12-17.

✦ A seguir, haverá reflexão e partilha da Palavra de Deus.

Atividades

1) Relate como você tem perseverado na prática dos mandamentos de Jesus e na participação na comunidade. E quais frutos Jesus espera de você?

_____

_____

_____

2) Seguindo as orientações do seu catequista, você participará da dinâmica: O amor liberta. Depois, anote o que aprendeu por meio dela.

Mensagem para a minha vida:

3) Que tal verificar se você aprendeu o que Jesus disse no texto inicial deste encontro? Então relacione a 1ª com a 2ª coluna, formando as frases corretas:

1. Jesus disse: "Eu sou a   ( ) Não poderão fazer nada".
2. "Meu Pai é o   ( ) Vocês são os ramos".
3. "Continuem unidos a mim e   ( ) Agricultor.
4. "Porque sem mim vocês   ( ) Videira verdadeira".
5. "Eu sou a videira e   ( ) Como o amor de meu Pai por mim".
6. "O meu amor por vocês é   ( ) Eu continuarei unido a vocês".

4) "Isto vos mando: amai-vos uns aos outros". Pense um pouco no que Jesus diz! E com suas próprias palavras converse com Ele sobre como você está se sentindo e o que quer lhe pedir, escrevendo:

___

5) Agora, com alegria, cante a seguinte música:

Eu sou a videira

Eu sou a videira, meu Pai é o agricultor. Vós sois os ramos, permanecei no meu amor!

1. Para dar muito fruto: **permanecei no meu amor**. Para dar amor puro: **permanecei no meu amor**. Como ramos ao tronco: **permanecei em mim!**

2. Para amar sem medidas: **permanecei no meu amor**. Para dar vossas vidas: **permanecei no meu amor**. Para ser meus amigos: **permanecei em mim!**

3. Para ver o caminho: **permanecei no meu amor**. Para a verdade: **permanecei no meu amor**. Para ter sempre vida: **permanecei em mim!**

4. Para ser sal da terra: **permanecei no meu amor**. Para ser luz do mundo: **permanecei no meu amor**. Para ser testemunhas: **permanecei em mim!** (KOLLING, 2004)

Compromisso do encontro

✘ O que foi mais importante para você aprender neste encontro?

✖ Jesus deseja que você tenha alegria e felicidade completa. Para que isso aconteça, ele pede obediência aos seus mandamentos, e que continue ligado a ele por meio da oração, da sua Palavra (a Bíblia), da participação na missa, na catequese...

Ele também espera que você produza bons frutos, isto é, boas ações. Propomos:

- Com a ajuda dos seus pais, desembaralhe as letras e descubra algumas boas ações que você deve realizar e complete com outras duas boas atitudes.

DARAJU	RAMA	DARCUI	DECEROBE
CARBRIN	DOARPER	TIRREPAR	TUDARES

Diálogo com a família

Converse com seus pais sobre o que você aprendeu neste encontro. Lembrá-los do que Jesus nos ensina: "Amai-vos uns aos outros". Que tal dar um beijo nos seus pais e dizer o quanto você os ama?

23 A SEMENTE QUE GERMINA POR SI SÓ

Caro amiguinho(a), você já vez a experiência de plantar uma sementinha e depois de algum tempo ver a plantinha nascer? Então, veja que comparação bonita Jesus faz, certa vez:

"O Reino de Deus é como um homem que lançou a semente na terra: ele dorme e acorda, de noite e de dia, mas a semente brota e cresce, sem que ele saiba como.

A terra por si mesma produz fruto: primeiro a planta, depois a espiga e, por último, a espiga cheia de grãos.

Quando o fruto amadurece e está no ponto, logo ele o corta com a foice, porque chegou o tempo da colheita."

Catequizando! O seu coração é a terra onde a semente é lançada. A semente é a Palavra de Deus.

Quem leva a Palavra do Senhor ao seu coração são: a Igreja, o padre, o catequista, seus pais e todas as pessoas que lhe ensinam o bem.

Para que os ensinamentos que você recebe produzam frutos de: bondade, justiça, amor, paz..., é preciso que seu coração seja terra boa, isto é, esteja aberto e disposto a deixar a semente brotar por si mesma, crescer e dar frutos.

E o Reino de Deus, o que é?

– É a vida de Deus dentro de cada um de nós. A amizade e a união com Deus. É o que existe de mais importante em nossa vida: aquilo que é mais precioso e tem mais valor para nós.

- Organize, com seu catequista e colegas, uma encenação da história contada no Evangelho de Jesus Cristo narrado por Marcos 4,26-29.
- A seguir, haverá reflexão e partilha da Palavra de Deus.

1) Escreva quais os bons frutos que você tem colhido na escola, em casa e na catequese.

_____
_____
_____

2) Cada vez que você escolhe viver conforme os ensinamentos de Jesus e pratica boas obras, o Reino de Deus cresce um pouco mais.

Que tal ilustrar em forma de uma história em quadrinhos, com desenhos bem coloridos, a parábola que Jesus contou?

Um homem lançou a semente na terra.

Ele dorme e acorda, e a semente brota por si só.

A terra produz a planta.

Depois, a espiga, e, por último, a espiga cheia de grãos.

Quando o fruto amadurece, o homem o corta com a foice, porque é o tempo da colheita.

3) Você é convidado a ouvir uma pequena estória. Em seguida, dê um título a ela e anote qual a mensagem para a sua vida.

Nome da estória: _____

Mensagem para a minha vida:

4) Para provar que a semente do Reino de Deus está crescendo em você é preciso agir com amor nas diversas situações de sua vida. Marque com um X os sinais do crescimento dessa semente em você:

( ) Respeito o catequista e as professoras.

( ) Brigo com meus irmãos e, também, com os colegas.

( ) Dou ajuda a quem está passando fome.

( ) Desobedeço meus pais.

( ) Rezo e louvo a Deus por tudo o que Ele me dá.

( ) Amo e compreendo meus pais e irmãos.

( ) Ouço com atenção os ensinamentos de Jesus.

5) Você é convidado a expressar sua alegria em acreditar na semente do amor, cantando a seguinte música:

O meu coração se alegra

1. O meu coração se alegra no Senhor. Me sinto feliz e canto o seu amor.

Trá-lá-lá-lá-lá, eu não vou só.
Trá-lá-lá-lá-lá, eu vou com Deus.

2. Aos outros direi o que Ele fez por mim. Pra casa irei feliz, cantando assim:

3. Ninguém fique só, vamos nos dar as mãos. E venham cantar comigo este refrão. (KOLLING, 2004)

Compromisso do encontro

✖ O que você mais gostou de aprender neste encontro?

_____
_____
_____

✱ Assim como a semente da parábola que Jesus contou, o Reino de Deus ou Reino dos Céus vai crescendo devagar no seu coração e no mundo. Propomos:

– Acolher com fé e amor a Palavra de Deus.

– Semear boas atitudes.

– Praticar boas ações.

Diálogo com a família

Leia com seus pais Mc 4,26-29. Conte-lhes o que aprendeu no encontro. Em seguida, peça que comentem os bons frutos que eles têm colhido seja no trabalho, no casamento e no dia a dia.

Anote um resumo do que eles disseram:

_____
_____
_____
_____
_____
_____
_____

24. O PRIMEIRO MILAGRE DE JESUS: AS BODAS DE CANÁ

Você já foi a uma festa de casamento? Para a festa ser bonita não pode faltar, além da alegria, o que comer e beber, não é mesmo?

Pois num casamento em Caná da Galileia, onde estavam presentes Jesus, sua mãe e seus discípulos, o vinho acabou e os noivos estavam aflitos. Maria quis tirar os noivos dessa situação difícil e foi falar com Jesus.

Atendendo ao pedido de sua mãe, Jesus mandou os serventes encherem seis talhas de água e transformou a água em vinho de ótima qualidade.

Com este sinal Jesus mostra quem Ele é, e o poder que Ele tem para nos ajudar em nossas necessidades.

Que tal pedir ajuda à Mãezinha do Céu e a Jesus, sempre que estiver em dificuldades?

 elebração

✦ Organize, com seu catequista e colegas, uma encenação da história do primeiro sinal de Jesus narrada no Evangelho de João 2,1-12. Depois reflitam e partilhem a Palavra de Deus.

tividades

1) Após a partilha, anote:

- Alguma vez pediu a Maria que intercedesse por você em uma necessidade?

_____
_____
_____

- Você tem feito tudo o que Jesus lhe ensina?

_____
_____
_____

- Que sinal ou milagre deseja receber de Jesus?

_____
_____
_____

2) O que são os milagres? Desembaralhe as letras e descubra qual é a resposta. Anote nas linhas seguintes:

Os GRESMILA são AISSIN do ORAM de Deus que age em ORFAV do seu OVOP.

_____
_____
_____
_____

3) Para memorizar aquilo que lembra o primeiro milagre de Jesus procure no caça-palavras as seguintes palavras que constam no texto inicial: CANÁ, CASAMENTO, JESUS, VINHO, MÃE, TALHAS, ÁGUA, NOIVOS, DISCÍPULOS, SERVENTES, SINAL, PODER.

W	Y	S	R	E	R	U	O	P	Ç	H	O	D	A
S	I	N	A	L	O	H	P	O	D	E	R	S	P
C	A	N	Á	S	A	Q	C	V	B	D	P	J	A
Q	X	C	A	S	A	M	E	N	T	O	F	E	R
D	Z	X	C	V	B	F	N	D	A	B	N	S	M
I	Q	W	A	B	S	W	E	M	Ã	E	V	U	A
S	E	Y	T	A	L	H	A	S	G	E	I	S	N
C	R	A	E	M	N	L	J	R	E	W	L	A	A
Í	L	U	Á	G	U	A	C	E	N	N	A	E	V
P	H	E	R	M	A	N	S	V	A	O	D	N	I
U	G	E	N	E	U	G	D	E	N	I	Y	V	N
L	O	L	D	E	R	S	U	I	T	V	S	H	H
O	O	U	T	H	A	L	E	N	M	O	S	E	O
S	E	U	L	E	N	M	E	R	G	S	S	I	E
T	R	E	N	I	S	E	R	V	E	N	T	E	S
V	E	L	S	E	R	S	T	I	M	M	R	E	S

4) Assim como Maria intercedeu pelos noivos em Caná, junto a Jesus, ela intercede também por todos nós.

* Leia as pequenas estórias e descubra qual delas agrada mais a Jesus: a de Maurício ou a de Paulinha? Justifique.

> Maurício disse: hoje rezei durante 3 minutos e logo pedi para Jesus uma boa nota na prova, porque não havia estudado nada.
>
> Pedi também a Ele que meu pai fosse menos "pão duro" e parasse de reclamar. Pois, a mesada que ele me dá está "fraca" demais.
>
> Terminei a oração pedindo a Jesus um milagre ainda maior: que hoje ao jogar na loteria eu seja premiado e fique bem rico.
>
> Quero ver se Jesus tem mesmo poder!

Paulinha disse: Hoje rezei ainda mais que os outros dias.

Pedi a Maria que intercedesse por meus colegas da escola, principalmente para aqueles distantes de Jesus, que só se interessam por coisas materiais, deixando de colocar Jesus como centro de suas vidas.

Rezei pelas crianças que sofrem por falta de alimento, água e carinho, para que elas diante das dificuldades possam sentir que Jesus está sempre ao lado delas.

Orei também para que os nossos governantes possam ver o mundo com os olhos cheios de amor e dignidade, promovendo a justiça, a igualdade e a paz.

Rezei com fé! Certa de que Maria está intercedendo por minha oração e acredito no poder de Jesus.

* A estória que mais agrada a Jesus é _____

Porque_____

_____

_____

5) Confiantes de que, se Jesus está presente em nossa vida, nada pode nos faltar, cantemos com alegria:

Como vai ser?

Como vai ser?
Nossa festa não pode seguir.
Tarde demais
Pra buscar outro vinho e servir.
    Em meio a todo sobressalto
    É Maria quem sabe lembrar
    Se o meu Filho está presente
    Nada pode faltar. (bis)
        Mas que fazer?
        Se tem água tem vinho também
        Basta um sinal
        E em Caná quem provou tudo bem. (KOLLING, 2004)

Compromisso do encontro

✖ Anotar qual é a mensagem principal deste encontro.

_____
_____
_____

✖ Assim como Jesus realizou um milagre no casamento em Caná da Galileia, Ele quer realizar milagres em todos os casamentos. Propomos:

• Pedir a Jesus que não deixe faltar o amor, a união e o afeto na vida de seus pais.

• Rezar uma Ave-Maria pedindo a Nossa Senhora que interceda por todas as dificuldades que eles enfrentam no casamento.

Diálogo com a família

Conte a seus pais o que Jesus realizou no casamento em Caná da Galileia. Em seguida, peça que eles contem as coisas boas que Jesus já realizou no casamento deles. Anote o que mais gostou de ouvir:

_____
_____
_____
_____

25 A MULTIPLICAÇÃO DOS PÃES

Amigo catequizando! A missão de Jesus é anunciar a todos a Boa Notícia e mostrar que o Reino de Deus está presente no meio de nós. Além de ensinar, Jesus quer ajudar as pessoas que se encontram em dificuldades ou doentes. Quando se encontra com elas, Ele as cura e pede que creiam nele.

Seus milagres são sinais que Ele é, de verdade, o Filho de Deus, de que Ele está com o Pai e Deus está com Ele. Nele chegou a salvação, a vida que Jesus quer dar a todos.

Certo dia, uma multidão o seguiu para escutar seus ensinamentos, pois havia visto os sinais (milagres) que ele realizava, curando os doentes.

Ao cair da tarde, essas pessoas estavam com fome e Jesus, em vez de mandá-las ir embora para procurar alimento, pediu que se sentassem e realizou o milagre da multiplicação dos pães. Com apenas cinco pãezinhos e dois peixes, Ele alimentou a multidão e ainda sobrou muito pão.

Veja só, enquanto os cinco pães e os dois peixes estavam nas mãos do menino, o povo sentia fome. Foi preciso passar das mãos dele às mãos de Jesus, para que acontecesse o milagre do amor: a multiplicação.

Com isso aprendemos que não podemos reter em nossas mãos o que temos, mas é preciso partilhar, de modo que haja a multiplicação e pão para todos.

✦ Ouça, atentamente, a proclamação do Evangelho de João 6,5-13.
✦ A seguir, você é convidado a refletir e partilhar a Palavra de Deus.

1) Explique o que sentiu ao partilhar o pão com seu catequista e colegas. Depois anote, também, se você costuma agradecer a Deus antes das refeições.
_____
_____
_____

2) Neste momento, você irá participar da dinâmica: **O barco**. Em seguida, anote o que aprendeu:

Mensagem para a vida:

3) Agora, ouça atentamente, a estória que seu catequista irá lhe contar. A seguir, anote o que você aprendeu com ela.
_____
_____
_____
_____

4) Em grupo, responder, oralmente, as seguintes perguntas e, depois, levar as respostas ao conhecimento de todos:

- Se todas as pessoas repartissem o que têm, o que aconteceria no mundo?
- O que vocês sentem quando repartem alguma coisa?

5) Com a multiplicação dos pães você aprendeu a importância da partilha. Que tal cantar essa música, pedindo a Jesus para abrir suas mãos e corações para partilhar?

O Pão da Vida

O Pão da vida, a Comunhão,
Nos une a Cristo e aos irmãos.
E nos ensina abrir as mãos,
Para partir, repartir o pão.

Lá no deserto a multidão
Com fome segue o Bom Pastor.
Com sede busca a nova Palavra:
Jesus tem pena e reparte o pão. (KOLLING, 2004)

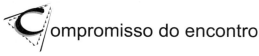

Compromisso do encontro

�֍ O que de mais importante você aprendeu neste encontro?

_____
_____
_____

�֍ Quando partilhamos o pão nosso de cada dia, acontece a multiplicação. Propomos:

– Partilhar com os colegas da escola o que você aprende na catequese.

– Partilhar seu amor, dando carinho às pessoas.

– Partilhar seu lanche, seu brinquedo...

Diálogo com a família

Partilhe com seus pais o que aprendeu neste encontro. Pergunte o que mais gostaram de ouvir diante do que você contou.

Anote a resposta deles:

_____
_____
_____

26 JESUS RESSUSCITA LÁZARO

É muito importante e maravilhoso a gente ter amigos, não é mesmo?!

Durante o tempo que passou na terra, Jesus teve muitos amigos. Em Betânia moravam três grandes amigos dele, chamados: Maria, Marta e Lázaro, que eram irmãos.

Certo dia, Lázaro ficou muito doente e suas irmãs mandaram avisar Jesus, porque acreditavam que Ele tinha poder para curá-lo.

Jesus estava longe da cidade de Betânia e demorou alguns dias para visitá-los. Sabia que essa doença era para que as pessoas pudessem ver a glória de Deus.

Quando lá chegou, Lázaro já havia sido sepultado há quatro dias. Então, Marta disse que se Ele estivesse ali seu irmão não teria morrido, pois sabia que Jesus é o Cristo, o Filho de Deus.

Então, as duas irmãs foram com Ele ao túmulo de Lázaro, e, chegando lá, Jesus chorou por causa da morte do seu amigo.

Depois, Jesus pediu para tirar a pedra do túmulo. Com um forte grito, Ele chamou Lázaro para fora. Este se levantou e saiu andando diante de todos. Aqueles que viram deram glória a Deus.

Também este sinal aconteceu para mostrar que Jesus tem poder para vencer a morte.

elebração

✦ Neste momento, haverá a proclamação do Evangelho de Jesus Cristo narrado por João 11,32-43.

✦ Em seguida, reflita e partilhe a Palavra de Deus.

tividades

1) Responda: Alguma vez levou alegria a algum amigo que estava triste, ajudando-o a sair desta situação? Ou de que outra maneira você foi solidário com alguém?

_____
_____
_____

2) Pesquise em sua Bíblia Jo 11,5 e anote qual o sentimento que Jesus tinha por Marta, Maria e Lázaro:

_____
_____
_____

3) Decifre o enigma e descubra quem é Jesus:

| A = 🕊 | Ã = ☕ | Ç = ☀ | D = ✏ | E = ♡ | I = 👤 |
| O = 🌳 | R = ☁ | S = ☆ | U = ⬜ | V = ⛵ |

_____ _____ _____

_____ _____ _____

4) Jesus realizou muitos sinais (milagres) por amor, para ajudar as pessoas e para provar que Ele é o Filho de Deus.

Seguindo as pistas, complete as seguintes frases. Depois, preencha a cruzadinha:

			M				
			I				
			L				
			A				
			G				
			R				
			E				

• _____ nome de uma das irmãs que mandou um recado para Jesus.

• A outra irmã se chamava _____.

• _____ era o nome do amigo de Jesus que ficou doente.

• Quando lá chegou, Lázaro já havia sido _____ há quatro dias.

• Com um forte _____ , Ele chamou Lázaro para fora.

• Aqueles que _____ deram glória a Deus.

• Também este sinal aconteceu para mostrar que Jesus tem poder para _____ a morte.

5) Jesus é o nosso grande modelo de amizade. Ele ama, acolhe, perdoa, respeita e escuta todas as pessoas com as quais convive e nos convida a fazer o mesmo.

Que tal demonstrar o seu amor pelos amigos da catequese, dando-lhes o gostoso abraço da paz? Então cante com alegria:

Paz, paz de Cristo

Paz, paz de Cristo!
Paz, paz que vem do amor
Lhe desejo, irmão!
Paz que é felicidade
De ver em você
Cristo, nosso irmão.

Se algum dia, na vida,
Você de mim precisar,
Saiba: eu sou seu amigo,
Pode comigo contar. (KOLLING, 2004)

Compromisso do encontro

✖ Anote o que aprendeu de importante neste encontro:

_____
_____
_____

✖ Lázaro voltou à vida por ação de Jesus. E você, quais ações pode praticar para trazer de volta a alegria e a esperança às pessoas? Propomos:

• Visitar o colega quando este se encontra doente, triste, preocupado... Ler para ele o Salmo (121)120. Com certeza, a Palavra de Deus tem força e o ajudará a sair desta situação.

• Que tal, antes de fazer a visita, ler o Salmo (121)120 e anotar o versículo que você mais gostou?

_____
_____
_____
_____

Diálogo com a família

Conte a seus pais o que aprendeu no encontro e, com a ajuda deles, anote alguns exemplos de situações que causam a morte, a tristeza... na vida das pessoas.

Siga o exemplo:

Desemprego,_____,_____,_____
_____,_____,_____,
_____

A seguir, reflitam de que maneira vocês podem ser solidários.

Parte II

Festas do Ano Litúrgico

1 O ANO LITÚRGICO

Para entender este tema é importante primeiro saber o que é liturgia. Então que tal ler com bastante atenção?

Liturgia é um diálogo (comunicação) entre Deus e nós, que somos seus filhos, e entre nós e Deus.

Deus fala com a gente por meio da sua Palavra. Jesus nos fala pelo Evangelho. Ele é o Caminho que nos conduz a Deus.

Nós respondemos a Deus por meio de cantos de louvor, gratidão, súplica e pelas orações. Mas, para que essa comunicação se realize de verdade, é preciso ter FÉ. Sem a FÉ nada acontece.

Toda a liturgia celebra a Páscoa de Jesus: sua Paixão, Morte e Ressurreição. E celebra, também, os acontecimentos da nossa vida.

E o que é Ano Litúrgico?

É o período de doze meses onde a Igreja celebra os principais acontecimentos da vida de Jesus (os mistérios de Cristo). E também a festa do Espírito Santo (Pentecostes), as festas de Nossa Senhora, dos santos... Porém, a festa principal (central) é a Páscoa.

O ano litúrgico é dividido em tempos litúrgicos que são: Advento, Natal, Tempo Comum, Quaresma, Páscoa e, novamente, Tempo Comum, que vai até a festa de Cristo Rei, celebrada no último domingo do ano litúrgico, que começa de novo com o primeiro domingo do Advento.

Você já notou que os padres usam vestes de cores diferentes, conforme o tempo litúrgico? Veja como acontece:

Nas missas do tempo pascal e do Natal e, em outras festas, assim como a de Cristo Rei, ele usa o BRANCO, que simboliza a vitória, a paz, a alegria... Em alguns lugares, o padre usa, nas festas maiores, DOURADO.

No Domingo de Ramos, nas celebrações da Paixão do Senhor, na festa de Pentecostes..., usa-se o VERMELHO, que simboliza o fogo, o sangue...

O VERDE é usado nas missas do tempo comum e simboliza a esperança.

O ROXO é usado no tempo do advento e na quaresma e simboliza a penitência.

O ROSA pode ser usado no tempo do Advento e no IV Domingo da quaresma e simboliza a alegria.

Celebração

✦ Com atenção e em silêncio ouça a proclamação do Salmo 95(94),1-7. A seguir, com seu catequista e colegas, reflita e partilhe a Palavra de Deus.

Atividades

1) Anote se você tem participado todos os domingos da missa e se o seu coração está aberto para ouvir a voz do Senhor:

_____
_____
_____
_____
_____
_____

2) A partir de hoje, todos os domingos quando você for à missa preste atenção na cor da veste do padre, nas leituras e em toda a celebração. Você descobrirá que festa ou tempo litúrgico está sendo celebrado.

Agora, em dupla, pesquise as cores de cada tempo do ano litúrgico e pinte o círculo que o representa.

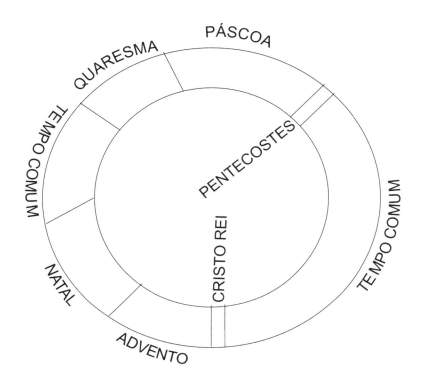

3) Agora que você já sabe as respectivas cores do tempo litúrgico, que tal saber o significado dos tempos litúrgicos?

Leia as explicações que se seguem e, depois, preencha os diálogos com os respectivos tempos:

Advento: Começa quatro domingos antes do Natal e termina no dia 24 de dezembro. É um tempo de preparação para receber Jesus.

Natal: 25 de dezembro. É comemorado com alegria, pois é a festa do Nascimento do Salvador.

Tempo comum: É um tempo de esperança e escuta da Palavra de Deus. Neste tempo não celebramos nenhuma festa especial.

Quaresma: Nos convida ao jejum, esmola e oração. É um tempo que nos prepara para a Páscoa.

Páscoa: É o tempo principal. Seu início é na Quinta-feira Santa, onde Jesus realiza a última ceia antes da sua morte e instituiu a Eucaristia. Antes da ceia Ele lava os pés dos discípulos e nos mostra que o cristão deve servir ao próximo. Na Sexta-feira Santa se recorda a paixão e morte de Jesus. No Sábado Santo é dia de silêncio e, à noite, celebramos a Vigília Pascal, que é a celebração principal do ano. No domingo da Páscoa continuamos celebrando a ressurreição de Jesus, que é o fundamento e o centro de toda a nossa fé.

– Solange, o que você tem feito de bom?

– Eu tenho dedicado um tempo maior à **oração**. Descobri que rezando mais meu coração se enche de paz e alegria. E você, o que tem feito de bom, Sérgio?

– Sabe, Solange, eu tenho feito **jejum** de palavras e de fazer fofocas. Decidi que não vão sair da minha boca nem palavrões, nem fofocas.

– Tenho, também, dado **esmola**, ou seja, com a ajuda de meus pais, levei alimento às pessoas necessitadas.

– Que bom, Sérgio! O tempo da _____ tem nos ajudado a praticar a oração, o jejum e a esmola, e tem nos preparado para celebrar a Vida Nova da Páscoa.

– Mateus, coloque uma roupa bonita, pois hoje é dia de festa.

– Quem nasceu dia 25 de dezembro, mamãe?

– Jesus, o nosso Salvador. Hoje a Igreja celebra o _____.

– Mamãe! Jesus é o melhor presente que Deus podia nos dar!

– Com certeza, meu filho!

– Joaquim, o que você vai fazer no decorrer desta semana?

– Na quinta-feira santa eu vou participar da missa do lava-pés, na sexta-feira vou à celebração da Paixão e Morte de Jesus.

– Espere um pouco, não vai me dizer que no sábado e domingo você também vai à igreja?

– Claro que vou, Maria! No sábado tem a Vigília Pascal e celebramos a ressurreição de Jesus e no domingo é a Páscoa. Que tal você participar comigo das celebrações da semana santa?

– Joaquim, sinto-me envergonhada. Enquanto eu pensava apenas nos ovos de páscoa, você pensava no principal: Jesus Cristo. Tomei uma decisão: Quero participar com você da _____ que é a festa principal da Igreja.

— Irene, faltam quatro semanas para o Natal. O que você pretende fazer?

— Antônia, eu estou pensando nos fins de semana ir ao *shopping* comprar presentes e roupas novas. E você?

— Vou participar da missa nos quatro domingos antes do Natal, pois quero preparar meu coração para receber Jesus. Não quero me preocupar com coisas materiais, principalmente neste período.

— Sabe, Antônia, preciso participar mais das missas e reconhecer que presentes e roupas não são mais importantes que Deus.

— Irene, que tal se preparar melhor para o Natal participando das missas no tempo do _____ ?

— Vou seguir seu conselho, amiga!

— Pedro, hoje fui à missa e a estola do padre era verde. O que será que representa?

— Paulo, o verde simboliza esperança, é sinal do tempo _____, que nos convida a escutar a Palavra de Deus.

4) Em dupla, descubra no caça-palavras:

Liturgia
Diálogo
Deus
Jesus
Caminho
Fé
Cantos
Orações
Ano litúrgico
Tempo litúrgico
Páscoa
Advento
Natal
Quaresma
Tempo comum

M	B	S	V	Y	L	I	T	U	R	G	I	A	S	A
S	E	U	R	Y	W	X	Z	V	H	U	I	R	D	N
D	T	E	Y	S	U	S	E	J	G	T	D	F	É	O
I	R	D	I	U	Y	T	R	E	W	E	Q	E	R	L
Á	Y	X	R	O	Y	C	Y	U	I	M	U	Q	T	I
L	Z	X	C	R	B	A	N	P	M	P	Y	U	E	T
O	Q	A	S	A	V	M	N	Á	M	O	D	A	W	Ú
G	Z	D	X	Ç	C	I	V	S	B	C	N	R	N	R
O	A	V	A	Õ	S	N	S	C	F	O	H	E	J	G
Z	X	E	C	E	B	H	N	O	N	M	X	S	C	I
A	S	N	F	S	D	O	G	A	E	U	R	M	T	C
Z	C	T	B	G	M	D	S	E	T	M	U	A	J	O
Q	W	O	W	L	A	T	A	N	R	T	Y	U	I	O
A	Z	D	Q	E	R	T	Y	J	C	A	N	T	O	S
T	E	M	P	O	L	I	T	Ú	R	G	I	C	O	R

5) Jesus ensinou a gente se comunicar com Deus Pai por meio da mais bonita oração: o Pai-nosso.

De mãos dadas, cante-a com muita fé.

Compromisso do encontro

✵ Anote o que você mais gostou de aprender neste encontro:

_____
_____
_____

✵ A liturgia é um diálogo. Quando Deus fala, nós ouvimos e quando falamos, Deus nos ouve. É necessário estar atento ao participar da missa. Propomos:

- Nas leituras, Deus fala. Você deve ouvir com atenção.
- Na hora das orações e dos cantos, você deve rezar e cantar bem bonito, expressando seu louvor, gratidão e súplica a Deus. Ele ouve você.

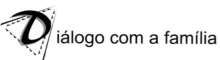
Diálogo com a família

Converse com seus pais sobre o que você aprendeu neste encontro. A seguir, leiam juntos o Salmo 34(33) e anote os versículos que vocês mais gostaram:

_____
_____
_____
_____
_____
_____

Convide-os a participar da missa.

2 QUARESMA – CAMPANHA DA FRATERNIDADE

Caro amiguinho(a), a Quaresma é um período de quarenta dias de preparação para a Páscoa, onde a Igreja nos convida a seguir mais de perto os passos, os gestos e o exemplo de vida de Jesus.

O tempo da Quaresma tem início com a celebração das cinzas, onde nós recebemos cinzas sobre a cabeça.

A imposição das cinzas nos leva a refletir que "somos pó e ao pó voltaremos", nos recorda que a vida é passageira. Por isso mesmo tem de ser bem vivida. Mas, você sabe o que é viver bem a vida?

Viver bem a vida é viver a Palavra de Deus, é olhar para as necessidades dos que estão perto de você. O jejum, a esmola e a oração o ajudam a fazer essa experiência.

O jejum de alimentos, "video game", de fofoca, dos julgamentos..., o leva a pensar no próximo, por exemplo: e quem não tem "video game", como faz para brincar? E quem não tem chocolate, será que não sente vontade de comer um? Fazendo esta experiência, mais facilmente poderá ir ao encontro do próximo por meio da partilha.

A partilha não deve ser feita apenas daquilo que está sobrando na sua casa, mas de algo de bom que você tem e deseja partilhar com seu próximo. Este gesto só é possível se você souber rezar bastante.

A oração deve ser humilde diante de Deus, confiante na bondade do Pai. É atendida, se feita com fé no nome de Jesus, e se você, amiguinho(a), pedir coisas boas como o perdão, o desejo de ser obediente, de partilhar, de ser generoso...

Durante a Quaresma, a Igreja nos convida a participar da Campanha da Fraternidade, para ajudar a gente a refletir e se colocar no lugar dos pequenos, dos pobres, esquecidos, excluídos...; a conhecer o sofrimento deles e dar-lhes apoio com gestos concretos de fraternidade, amor, partilha (dividir o que você tem com quem precisa: alimento, alegrias, sabedoria...).

elebração

✦ Agora, de maneira solene, você é convidado a acolher a Bíblia, acompanhada dos cartazes da Campanha da Fraternidade, trazidos por alguns colegas, enquanto todos cantam com alegria a música sugerida pelo catequista.

✦ Neste momento, ouça com atenção a proclamação do Evangelho de Jesus Cristo narrado por Mateus 6,1-6.16-18. Em seguida, reflita e partilhe a Palavra de Deus.

tividades

1) Você está disposto a viver a Palavra de Deus, fazendo a experiência do jejum, da esmola e da oração? De que maneira pretende fazer isto?

_____
_____
_____
_____
_____
_____

2) Em dupla, procure na cruzadinha as palavras que faltam para completar corretamente as seguintes frases:

									P		
F	R	A	T	E	R	N	I	D	A	D	E
									R		
		Q							T		
		U							I		
C	I	N	Z	A	S				L		
		R							H		
		E				N			A		
		P	A	S	S	A	G	E	I	R	A
		M				C					
P	Á	S	C	O	A						
		A				E					
					E	S	M	O	L	A	
						S					
						I					
						D					
				O	R	A	Ç	Ã	O		
						D					
						E					
						S					

• O tempo da _____ tem início com a celebração das _____.

• "Somos pó e ao pó voltaremos", nos recorda que a vida é _____.

• Viver bem a vida é viver a Palavra de Deus, é olhar para as _____ dos que estão perto de você.

• Quaresma é um período de quarenta dias de preparação para a _____.

• O jejum, a _____ e a _____ o ajudam a fazer essa experiência.

• Durante a Quaresma, a Igreja nos convida a participar da Campanha da _____.

• _____ é dividir aquilo que você tem com quem precisa: alimento, alegrias, sabedoria...

3) Pesquise em sua Bíblia os seguintes versículos e anote se as atitudes de Murilo, Paulo e Márcia estão corretas.

> **Mt 6,17**
>
> Murilo decidiu fazer jejum de guaraná e bolacha recheada. Foi logo espalhando para as pessoas o que estava fazendo; contou sobre o jejum para seus pais, amigos, avós e até primos.

A atitude de Murilo foi correta? Por quê?

_____
_____
_____
_____

> **Mt 6,6**
>
> Paulo, hoje pela manhã, dedicou um tempo maior à oração. Em seu quarto, rezou a Oração do Anjo da Guarda, o Pai-nosso e a Ave-Maria. Agradeceu a Deus pela sua saúde e de sua família. Pediu que Ele abençoasse seus pais e amigos; lembrou-se também de rezar por sua professora e catequista e ainda pediu a Deus que o ajudasse a ser estudioso.
>
> Quando anoiteceu Paulo pôde perceber que os seus afazeres de escola, da catequese e de casa haviam rendido mais. Sabe por quê? Porque enquanto ele rezava repousou sobre seus afazeres as bênçãos de Deus.

Paulo agiu corretamente? Em casa, qual é o melhor lugar para fazermos oração?

_____
_____
_____
_____
_____

Mt 6,3-4

Márcia viu Beatriz indo à escola com o tênis furado e sentiu desejo de ajudá-la. Pegou o dinheiro de sua mesada e o deu a ela para que comprasse um tênis.

Assim que Beatriz foi com o tênis novo à escola, Márcia sentia prazer em contar para todos que deu o dinheiro a ela para comprar o tênis. Até para os professores ela contou.

A atitude de Márcia agradou a Deus? Por quê?

_____
_____
_____
_____

4) Com muita atenção, escute o que o seu catequista vai lhe falar sobre a Campanha da Fraternidade deste ano.

A seguir, anote o tema e o lema da campanha e ilustre com um desenho.

Tema da Campanha: _____

Lema da Campanha: _____

5) Para a gente praticar o jejum, a esmola e a oração, peçamos esta graça, cantando a seguinte música:

Meu coração procura a paz

O meu coração procura a paz.
O meu coração procura a luz.
O meu coração é de Jesus, é de Jesus!
O Coração de Jesus só tem amor!
O Coração de Jesus só tem perdão:
A dor de quem se arrepende,
Jesus compreende, Jesus compreende! (KOLLING, 2004)

Compromisso do encontro

✖ O que você mais gostou de aprender neste encontro?

_____

_____

✖ A nossa Igreja, neste tempo da Quaresma e da Campanha da Fraternidade, nos incentiva ainda mais a viver conforme os ensinamentos de Jesus. Ele nos leva a ver o próximo, principalmente os mais pobres, como nosso irmão(ã) e a buscar os valores do Reino de Deus: fraternidade, igualdade, justiça, paz, ... Propomos:

• Deixar de comprar guloseimas, por exemplo: sorvete, chocolate, balas, chicletes..., para contribuir com a Campanha da Fraternidade.

• Trazer para o próximo encontro algum tipo de alimento: arroz, feijão, óleo, trigo, açúcar..., para, junto com seu catequista e colegas organizar uma cesta básica que será levada a alguma família necessitada ou a alguma instituição de caridade.

Diálogo com a família

Converse com seus pais sobre o que você aprendeu. Pergunte-lhes se haverá encontros da Campanha da Fraternidade no seu quarteirão. Anote se vocês estão dispostos a participar e se julgam importantes essas reuniões:

_____

_____

_____

3 SEMANA SANTA: A ENTRADA DE JESUS EM JERUSALÉM E A CEIA DO SENHOR

A Semana Santa começa no Domingo de Ramos, quando celebramos a entrada triunfal de Jesus, em Jerusalém. Veja como foi que aconteceu.

Estava próxima a festa da Páscoa e muita gente se encontrava em Jerusalém.

Ao ficarem sabendo que Jesus vinha, muitos cortaram ramos de oliveiras e foram ao seu encontro. Cheios de alegria, louvavam a Deus com voz forte, por causa dos milagres que tinham visto, dizendo:

– "Hosana ao filho de Davi! Bendito aquele que vem em nome do Senhor!"

E Jesus foi recebido como rei.

Na quinta-feira santa celebramos a última ceia do Senhor. Foi assim que aconteceu:

Jesus enviou Pedro e João para que fossem a uma casa preparar a ceia da Páscoa (jantar que lembra a libertação do Egito).

À tarde, estando à mesa com seus Apóstolos, Jesus tomou o pão em suas mãos, deu graças a Deus, partiu o pão e o deu a eles, dizendo:

– "Tomai e comei, isto é o meu Corpo que é dado por vós".

Depois, tomou em suas mãos o cálice com vinho, deu graças a Deus e o deu aos seus discípulos, dizendo:

– "Tomai e bebei todos vós! Isto é o meu Sangue, o Sangue da Nova e Eterna Aliança, que será derramado por vós para o perdão dos pecados"!

Depois disse-lhes:

– "Fazei isto em minha memória".

Amiguinho(a), a missa torna presente entre nós a Ceia do Senhor, onde recebemos o Corpo e o Sangue de Jesus, a Eucaristia, o alimento que fortalece a nossa fé.

Celebração

✦ Deus tem sempre um ensinamento importante para nos dar. Então ouça, com atenção, a proclamação do Evangelho de Jesus Cristo narrado por Mateus 21,1-11, para descobrir o que Ele quer lhe falar.

✦ A seguir, você é convidado a cantar o canto "Hosana hey". Depois, reflita e partilhe a Palavra de Deus.

Hosana Hey! Hosana ha!
Hosana hey! Hosana ha!
Hosana hey! hosana hey! hosana ha! (bis)

Ele é o Santo, é o Filho de Maria,
É o Deus de Israel, é o Filho de Davi.

Vamos a Ele com as flores dos trigais,
Com os ramos de oliveira, com alegria e muita paz.

Ele é o Cristo, é o unificador,
É hosana nas altura, é hosana no amor. (KOLLING, 2004)

Atividades

1) Partilhe uma experiência em que você tenha desistido de algo por encontrar dificuldade ou tenha deixado de ser solidário com alguém. É importante tomar a decisão de não mais agir assim, pois seguir Jesus é não desistir diante das dificuldades e ser sempre solidário:

_____
_____
_____

2) Neste momento, você e seus colegas são convidados a participarem da encenação do lava-pés. O objetivo é fazê-lo refletir: como está a sua disposição em servir e de que maneira você tem tratado as pessoas? Fique atento para descobrir qual é a mensagem. Após a encenação, escreva o que você aprendeu.

Mensagem para a minha vida:

_____
_____
_____
_____
_____
_____
_____

3) Em dupla, relacionar a primeira com a segunda coluna, ligando as frases que se completam:

1. A Semana Santa começa ( ) A servir e tratar os outros como irmãos.

2. Estava próxima a festa da páscoa e muita gente ( ) Por causa dos milagres que tinham visto.

3. Cheios de alegria louvavam a Deus ( ) Aquele que vem em nome do Senhor!"

4. "Hosana ao filho de Davi! Bendito" ( ) No Domingo de Ramos com a entrada triunfal de Jesus, em Jerusalém.

5. Na quinta-feira santa nós celebramos ( ) Meu corpo que é dado por vós."

6. "Tomai e comei, isto é o ( ) Se encontrava em Jerusalém.

7. "Tomai e bebei todos vós! Isto é o ( ) A última Ceia do Senhor.

8. Com o lava-pés Jesus nos ensina ( ) "Meu Sangue, o Sangue da Nova e Eterna Aliança!"

4) Decifre o enigma para descobrir qual é a mensagem:

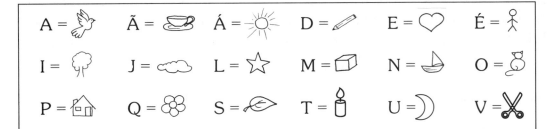

Compromisso do encontro

✘ Anote o que foi mais importante aprender neste encontro:
_____
_____
_____

✘ Na Semana Santa todo povo cristão celebra os mistérios da Paixão, Morte e Ressurreição de Jesus. Precisamos escutar a Palavra de Deus e ser um seguidor de Jesus. Propomos:

- Participar da missa do Domingo de Ramos. Ao chegar em casa, colocar o ramo bento atrás de uma cruz ou crucifixo, para que toda vez que olhar para ele você se lembre que Jesus não desistiu diante das dificuldades, mas foi vitorioso; assim você possa fazer o mesmo.
- Participar da missa na Quinta-feira Santa com o propósito de ser solidário com o próximo, tratando-o como irmão.

Diálogo com a família

Converse com seus pais sobre o que aprendeu. Convide-os a participar das celebrações da Semana Santa, preparando-se para a festa da Páscoa.

4. PAIXÃO, MORTE E RESSURREIÇÃO DE JESUS - PÁSCOA

Querido amiguinho(a), para nós cristãos a Semana Santa é a semana principal do ano todo.

Na Sexta-feira Santa nós celebramos a Paixão (sofrimento) e Morte de Jesus. Veja um resumo do que ocorreu.

As autoridades daquela época sentiram-se ameaçadas por tudo o que Jesus realizava: milagres, perdão dos pecados, denúncia das injustiças..., e, então, resolveram matá-lo.

Quem traiu Jesus entregando-o aos soldados por trinta moedas de prata foi um dos seus apóstolos, chamado Judas Iscariotes.

Jesus foi preso, julgado e acusado de querer ser o rei dos judeus. Foi açoitado, coroado de espinhos e sobre seus ombros colocaram uma pesada cruz, que Ele carregou até o Calvário. Ali o crucificaram entre dois ladrões.

Após horas de sofrimento e agonia, Jesus morre na cruz para nos libertar do pecado, do mal e da morte: para nos salvar. Assim Ele nos dá a maior prova de seu amor por toda a humanidade.

O corpo de Jesus foi tirado da cruz e o colocaram numa sepultura nova, cavada na rocha, de um homem rico de Arimateia, chamado José, que era também discípulo de Jesus.

Aqueles que pensaram que a vida de Jesus tinha terminado tiveram uma grande surpresa. Na ma-

nhã do terceiro dia após a sua morte Jesus ressuscitou glorioso. Ele voltou à vida, viveu de novo.

Depois, apareceu no meio dos discípulos muitas vezes: falou, comeu e bebeu com eles.

É este grandioso acontecimento da Ressurreição de Jesus que nós celebramos na Páscoa.

É a festa da vitória de Jesus sobre o mal e a morte.

elebração

✦ Ao receber a Boa Notícia que o catequista vai lhe dar, você é convidado a cantar o seguinte canto:

Jesus Cristo, nossa Páscoa

1. Jesus Cristo, nossa Páscoa, ressuscitou e hoje vive. Celebremos, pois, a sua festa na alegria da fraternidade.

Jesus Cristo está vivo entre nós. Aleluia, aleluia!

2. Ele é a nossa esperança, com sua morte deu-nos a vida. E hoje vai conosco, lado a lado, dando sentido ao nosso caminhar.

3. Também nós ressuscitemos para uma vida de amor. É preciso que o mundo veja em nós, cristãos, a páscoa do Senhor. (KOLLING, 2004)

• Neste momento haverá a proclamação do Evangelho de Jesus Cristo narrado por Mateus 28,1-10.

• Em seguida, você é convidado a refletir e partilhar a Palavra de Deus.

tividades

1) Escreva o que Jesus tem lhe falado no período da catequese. Já contou para seus amigos algum fato importante que lhe aconteceu, em que você foi vitorioso graças a Jesus?

_____
_____
_____

2) Com a orientação do seu catequista, faça esta atividade em grupo. Antes da ressurreição, Jesus passou por grande sofrimento em sua Paixão e Morte. Sofrimento marcado por traição. Diante deste fato houve pessoas que não conseguiram ser fiéis a Deus, se desviaram do caminho do amor e de alguma maneira cometeram traição. Que tal a gente saber como algumas delas agiram para não fazer o mesmo?

Grupo 1: Pesquise em sua Bíblia Mt 26,14-16.

A seguir reflitam:

Judas foi escravo do dinheiro, traiu a liberdade de viver o amor. Por apenas 30 moedas vende Jesus. Ele não escutou a Palavra de Deus e escolheu o poder da ganância, esquecendo-se do poder que vem de Deus.

- Você já traiu algum amigo, contando a outras pessoas um segredo que ele lhe havia contado?

- Já traiu a confiança de seus pais, mentindo sobre algo?

- Já traiu Jesus, deixando de amar, ajudar o próximo, ter compaixão de alguém que sofre injustiça, dor?

Grupo 2: Pesquise em sua Bíblia Mt 27,24.

A seguir reflitam:

Pilatos "lavou as mãos, ou seja, praticou o mal, deixando de fazer o bem. Escolheu a justificativa, a desculpa, ficou com medo de se arriscar pela causa de Jesus.

– Você alguma vez já se justificou de algo. Por exemplo: Eu bati, porque ele me bateu..., não assumindo seu erro?

– Alguma vez você sentiu vergonha de falar de Jesus na escola, com medo que as pessoas rissem de você?

– No momento da dor, tristeza, doença, o que sentimos quando alguém deixa de nos ajudar?

– O cristão é aquele que "lava as mãos" ou é aquele que vive a verdade, não deixando a vida se perder porque ela é preciosa?

Mensagem para minha vida:

Grupo 1

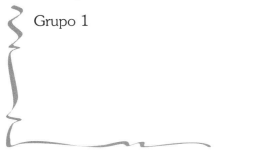

Grupo 2

3) Com a sua Ressurreição Jesus nos mostra que a morte não é o fim de tudo. Um dia nós também vamos ressuscitar para uma vida nova junto de Deus.

Decifre as palavras que estão com as letras fora de ordem e descubra uma verdade muito importante:

Hoje, _____ USJES está _____ OVIV no meio de _____ SNÓ

por meio da _____ ISTIAEUCAR, da sua _____ AVRALAP,

da _____ IDADECOMUN que se reúne em seu _____ EMON ...

MEMORIZAR: QUEM VIVE E CRÊ EM MIM JAMAIS MORRERÁ (Jo 11,26).

4) Na festa da Páscoa do Senhor somos iluminados pela luz do Cristo ressuscitado. Com a ajuda do seu catequista desenhe o Círio Pascal, que representa Cristo ressuscitado presente na igreja.

Compromisso do encontro

✖ Para você qual foi a mensagem mais importante de Jesus neste encontro?
_____
_____
_____

✖ Jesus está vivo! Que gostoso receber uma boa notícia! Que tal você também dar esta boa notícia a seus colegas de escola? Propomos:

• Contar aos colegas as coisas boas que você tem aprendido com Jesus.

• Diga-lhes que Jesus venceu a morte e tem poder de nos ajudar a vencer todos os nossos medos, preguiça... basta a gente acreditar nele.

• Convide-os a participar da missa.

Diálogo com a família

Conte a seus pais o que você mais gostou de aprender neste encontro. Comente com eles que Jesus ressuscitou porque Ele é o Filho de Deus. Deus não o abandonou na cruz. Hoje Ele está vivo no meio de nós. Jesus passou a vida fazendo o bem.

Com a ajuda deles, anote o bem que vocês se propõem a praticar:
_____
_____
_____

5 ASCENSÃO DE JESUS

A palavra Ascensão quer dizer subida. Então na festa da Ascensão de Jesus celebramos a subida dele ao céu. Foi assim que aconteceu:

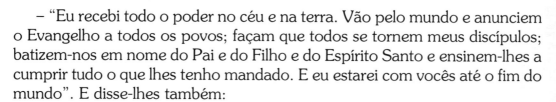

Depois da sua Ressurreição, Jesus apareceu muitas vezes aos seus discípulos provando, sem deixar nenhuma dúvida, que Ele estava vivo, pois até comeu e bebeu com eles.

Todas as vezes que Ele aparecia no meio deles, dizia-lhes:

– "A paz esteja com vocês". E lhes falava do Reino de Deus, relembrando tudo o que lhes havia ensinado. Esteve com eles durante quarenta dias.

Então, Jesus convidou seus discípulos a subirem com Ele a um monte e assim lhes falou:

– "Eu recebi todo o poder no céu e na terra. Vão pelo mundo e anunciem o Evangelho a todos os povos; façam que todos se tornem meus discípulos; batizem-nos em nome do Pai e do Filho e do Espírito Santo e ensinem-lhes a cumprir tudo o que lhes tenho mandado. E eu estarei com vocês até o fim do mundo". E disse-lhes também:

– "Vocês receberão a força do Espírito Santo e serão minhas testemunhas em todas as partes do mundo".

Depois, os apóstolos viram Jesus elevar-se ao céu; uma nuvem o cobriu e eles não puderam mais vê-lo.

Enquanto Jesus subia ao céu, dois jovens vestidos de branco apareceram perto deles e disseram:

– "Homens da Galileia, por que vocês estão aí olhando para o céu? Este Jesus que subiu ao céu voltará do mesmo modo que vocês o viram subir".

Celebração

✦ Em pé, você é convidado a cantar com alegria a seguinte música:

Dentro de mim existe uma luz

Dentro de mim existe uma luz
Que me mostra por onde eu deverei andar.
Dentro de mim também mora Jesus
Que me ensina a buscar o seu jeito de amar.

**Minha luz é Jesus
E Jesus me conduz
Pelos caminhos da paz.** (KOLLING, 2004)

- Agora, em atitude de escuta e respeito, ouça a proclamação do Evangelho de Jesus Cristo narrado por Lucas 24,46-53.
- A seguir, participe com fé da reflexão e partilha da Palavra de Deus.

Atividades

1) Pense como você tem recebido com fé a bênção do padre no final da missa e, também, a bênção de seus pais, que pelo poder de Jesus podem lhe abençoar com amor e paz. Depois anote de que maneira você tem levado o amor e a paz às pessoas.

_____
_____
_____
_____

2) Pesquise em sua Bíblia e anote os seguintes versículos sobre a Ascensão do Senhor: Lc 24,50-51. A seguir, ilustrar e colorir com bonitos desenhos as cenas destes versículos:

_____
_____
_____
_____

Jesus abençoando os seus discípulos.

Jesus subindo ao céu diante deles.

3) Em dupla, complete corretamente as frases seguintes, pesquisando no texto que está no início deste encontro. Depois, preencha a cruzadinha:

```
1 _ _ _ _ A _ _ _ _ _ _ _
      2 _ S _ _ _ _ _
    3 _ _ C _ _
      4 _ _ E _ _ _ _ _ _
        5 _ N _ _ _
6 _ _ _ _ _ S _ _ _
        7 _ _ Ã _ _
          8 _ O _ _ _ _
```

1) A palavra Ascensão quer dizer_____.

2) Depois da sua Ressurreição, Jesus apareceu muitas vezes aos seus _____.

3) Todas as vezes que Ele _____ no meio deles, dizia-lhes: "A paz esteja com vocês".

4) Jesus convidou seus discípulos a subirem com Ele a um _____ _____.

5) "Vão pelo mundo e anunciem o _____ a todos os povos".

6) "Batizem-nos em nome do Pai e do Filho e do _____."

7) "Vocês receberão a força do Espírito Santo e _____ minhas testemunhas em todas as partes do mundo".

8) "Este Jesus que subiu ao céu, _____ do mesmo modo que vocês O viram subir".

4) Jesus nos mostra que Ele está sempre ao nosso lado. Descubra o enigma e veja o que Ele está dizendo a você:

5) Para finalizar este encontro vamos todos juntos dizer que acreditamos nesse **Deus vivo** que caminha conosco, rezando então a oração do Creio.

> **CREDO** – Creio em Deus Pai todo-poderoso, criador do céu e da terra; e em Jesus Cristo, seu único Filho, nosso Senhor; que foi concebido pelo poder do Espírito Santo; nasceu da Virgem Maria, padeceu sob Pôncio Pilatos, foi crucificado, morto e sepultado; desceu à mansão dos mortos; ressuscitou ao terceiro dia; subiu aos céus, está sentado à direita de Deus Pai todo-poderoso, donde há de vir a julgar os vivos e os mortos; creio no Espírito Santo, na santa Igreja católica, na comunhão dos santos, na remissão dos pecados, na ressurreição da carne, na vida eterna. Amém.

Compromisso do encontro

✖ O que você mais gostou de aprender neste encontro?

_____
_____
_____

✖ A bênção de Jesus aos discípulos trouxe-lhes grande alegria. A mesma alegria sentimos quando somos abençoados. Propomos:

- Pedir todos os dias a bênção aos pais.

- Participar da missa todos os domingos e receber a bênção ao sair da igreja, com o propósito de anunciar aos amigos que Jesus está vivo e realiza maravilhas em sua vida e de sua família.

iálogo com a família

Conte aos seus pais o que você aprendeu. Pergunte-lhes qual a importância da bênção para eles. A seguir, anote a resposta:

_____
_____
_____
_____

6 A VINDA DO ESPÍRITO SANTO

Amigo catequizando, nós celebramos a Festa de Pentecostes cinquenta dias após a Páscoa. É a festa da vinda do Espírito Santo sobre os apóstolos.

Mas, como foi que isto aconteceu?

Antes da Páscoa, Jesus pediu aos apóstolos para ficarem em Jerusalém até que Ele e o Pai enviassem o Espírito Santo para ajudá-los a entender tudo o que tinham visto e ouvido e descobrir o que deveriam fazer.

Os apóstolos estavam animados com a Ressurreição de Jesus, mas com muito medo, confusos e assustados, porque temiam que as autoridades que condenaram o Mestre poderiam fazer o mesmo com eles.

Então ficaram reunidos junto com Maria, a Mãe de Jesus, numa grande sala, chamada Cenáculo, com as portas e janelas fechadas. Ficaram em oração, relembrando tudo o que o Mestre fez e ensinou.

Era o dia de Pentecostes (uma festa para agradecer a Deus pelas colheitas) quando os apóstolos receberam o Espírito Santo.

Neste dia, Jesus trouxe, por meio do sopro, a paz e a alegria para seus seguidores, e tirou deles todo medo. E hoje é Ele quem traz esta vida nova em nós por meio do Espírito Santo. Vivendo pelo Espírito de Jesus podemos vencer as barreiras do medo, preguiça...

Os dons do Espírito Santo são sete: sabedoria, entendimento (ou inteligência), conselho, fortaleza, ciência, piedade e temor de Deus.

elebração

✦ Você é convidado a ficar em pé e pedir a luz do Espírito, com o seguinte canto:

A nós descei, divina luz!

A nós descei, Divina luz!
A nós descei, Divina luz!
Em nossas almas acendei
O amor, o amor de Jesus! (bis)

Vós sois a alma da Igreja
Vós sois a vida, sois o Amor.
Vós sois a graça benfazeja,
Que nos irmana no Senhor. (KOLLING, 2004)

✦ Agora, ouça atentamente a proclamação do livro dos Atos dos Apóstolos 2,1-3.

✦ A seguir, haverá reflexão e partilha da Palavra de Deus.

tividades

1) Depois de ter partilhado o texto bíblico, anote em que momentos ou situações você pretende pedir a ajuda do Espírito Santo:
_____
_____

2) Que tal desenhar e colorir, com a ajuda do catequista, sete línguas de fogo e abaixo delas anotar os sete dons do Espírito Santo?

3) O fogo nos lembra os sete dons do Espírito Santo, e o que nos lembra o vento?

Agora, ouça a estória **"O menino e o vento"** e anote o que aprendeu com ela.

Mensagem para a minha vida:

4) Que tal, em dupla, procurar no caça-palavras algumas palavras importantes do texto inicial? Espírito Santo, Jerusalém, sopro, apóstolos, Pentecostes, paz, Cenáculo, alegria, sabedoria, medo, confusos, assustados e vida nova.

A seguir, usar os seus dons da sabedoria e inteligência para completar o caça-palavras com outras palavras que você julgar importantes no texto.

S	O	D	E	M	D	G	A	L	E	G	R	I	A	J
Z	X	V	B	F	R	C	O	N	F	U	S	O	S	K
S	W	Q	O	L	U	C	Á	N	E	C	S	L	T	Y
E	G	A	T	S						Y	S	N	J	S
T	O	S	G	A						A	O	T	H	O
S	R	S	E	B						V	P	G	S	L
O	Ç	U	W	E						O	R	S	V	O
C	K	S	H	D						N	O	Ç	E	T
E	Z	T	K	O						A	L	A	N	S
T	R	A	N	R						D	Z	K	T	Ó
N	O	D	S	I						I	A	M	O	P
E	M	O	A	A						V	P	O	L	A
P	A	S	E	N						M	E	N	T	O
A	F	O	G	O	F	M	É	L	A	S	U	R	E	J
Z	E	S	P	Í	R	I	T	O	S	A	N	T	O	Ç

5) Criar com suas próprias palavras uma oração pedindo a luz do Espírito Santo sobre você e sua família:

_____
_____
_____

Compromisso do encontro

✱ Anote um pequeno resumo do que você aprendeu sobre Pentecostes – A vinda do Espírito Santo:

_____
_____
_____

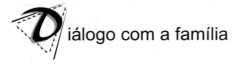

✱ Mesmo quando nos parece impossível com a nossa capacidade realizar um serviço, uma missão, se pedirmos a luz do Espírito Santo Ele agirá em nós e poderemos descobrir e realizar coisas maravilhosas. Propomos:

- Pedir sempre a luz do Espírito Santo, mesmo para realizar as tarefas mais simples do dia a dia.
- Pedir que Ele lhe ensine a amar e o(a) conduza sempre no caminho do bem.
- Pedir ao Espírito Santo que, como o vento, você leve a outras pessoas o que sabe sobre Jesus.

Diálogo com a família

Conte a seus pais o que aprendeu sobre o Espírito Santo. Convide-os a participar da festa de Pentecostes. Anote, com a ajuda deles, algo importante que vocês se lembram da homilia deste dia:

7 A SANTÍSSIMA TRINDADE

Na festa da Santíssima Trindade celebramos Deus que se revelou ao mundo como uma comunidade de amor: o Pai, o Filho e o Espírito Santo.

Foi Jesus que nos revelou o mistério da Santíssima Trindade, quando disse:

– "Se alguém me ama, guardará a minha palavra e o meu Pai o amará e a ele nós viremos e nele estabeleceremos morada".

Mas, você sabe o que é um mistério?

É algo tão grande e profundo que a nossa cabeça e a nossa inteligência se tornam pequenas demais para entendê-lo.

Amiguinho(a), que bom que seja assim! Isto quer dizer que a glória de Deus é imensa e que Deus é infinitamente grande! Então, não é preciso entender, mas sim crer em tudo o que você já aprendeu:

- Que Deus Pai é o nosso criador. Ele criou tudo o que existe.
- Que Deus Filho é Jesus nosso Salvador. Nasceu da Virgem Maria, morreu crucificado, mas ressuscitou glorioso e está vivo para sempre.
- Que Deus Espírito Santo é nosso santificador. Ele é o amor do Pai e do Filho, que age em nós e nos torna capazes de amar e de ser bons.
- Que são três pessoas diferentes, mas um só Deus que nos ama muito.

Celebração

✦ Em pé, iniciar esta celebração saudando a Santíssima Trindade com o seguinte canto, acompanhado do sinal da cruz:

Em nome do Pai, em nome do Filho,
Em nome do Espírito Santo estamos aqui. (KOLLING, 2004)

✦ Tudo o que Deus nos fala pela Bíblia tem a ver com a nossa vida. Por isso, fique atento para ouvir a proclamação do Evangelho de Jesus Cristo narrado por Mateus 28,19-20.

✦ A seguir, haverá reflexão e partilha da Palavra de Deus.

Atividades

1) Depois da partilha, anote se você acredita no Pai, Filho e Espírito Santo? Em que momentos você tem feito o sinal da cruz?

_____

_____

2) Agora, você é convidado a participar da dinâmica das três velas.

3) Leia e ilustre as estorinhas. Descubra o que cada uma delas quer nos ensinar completando a frase abaixo:

Deus Pai, o Filho de Deus e o Espírito Santo são os nomes das Pessoas divinas. Na minha família existe a mamãe, o papai, e eu, Sofia. Embora sejamos três pessoas, existe apenas uma família. Da mesma forma, embora existam três pessoas divinas, há apenas um Deus como se fosse uma só família divina. (Klimaszewski, 1990 – adaptação)	Na terra crescem muitas e variadas plantas. Entre essas plantas, Paulo percebeu o trevo. Vendo essa planta teve uma ótima ideia. Falando da Santíssima Trindade, mostrou a seus amiguinhos uma folha de trevo, esclarecendo que, como numa folha de trevo há três partes, três ramificações, da mesma forma existem três pessoas em Deus, que é um só quanto a sua natureza. (Klimaszewski, 1990 – adaptação)

A Santíssima Trindade é um só _____ que tem uma só natureza em _____ pessoas.

4) Enquanto somos amigos de Deus, a Santíssima Trindade, que é AMOR, mora em nós.

Em dupla, desembaralhar as letras e completar as frases corretamente:

- Foi _____ USJES que nos revelou o _____ TÉRIOMIS da Santíssima _____ DADENIRT.
- A glória de _____ SUED é imensa e Deus é infinitamente _____ DEGRAN.
- Deus _____ IAP é o nosso _____ DORAIRC.
- Deus _____ OHLIF é o nosso _____ DORSALVA.
- Deus _____ OTIRÍPSE Santo é o nosso _____ DORFICASANTI.
- A Santíssima Trindade é uma comunidade de _____ MORA.
- Nós fomos batizados em nome do _____ AIP, do _____ LHOFI e do Espírito _____ TOSAN.
- Nós Cristãos devemos fazer sempre o sinal da _____ ZCRU.

5) É importante a gente honrar e amar a Santíssima Trindade. Que tal decifrar a frase do enigma, para juntos dizê-la com respeito e em voz alta, encerrando o encontro?

Compromisso do encontro

✱ O que mais você gostou de aprender sobre a Santíssima Trindade?

_____
_____
_____

✱ A Santíssima Trindade está presente em nós desde o nosso Batismo. Portanto, é importante a gente glorificar a Deus nas três pessoas divinas. Propomos:

• Saudar o Pai, o Filho e o Espírito Santo fazendo sempre, e com muito respeito, o sinal da cruz.

• Rezar o Glória ao Pai...

• No início da missa, lembrar da Trindade Santa, quando o padre diz: "A graça de Nosso Senhor Jesus Cristo, o amor do Pai e a comunhão do Espírito Santo estejam convosco". Responder com muita fé: "O amor de Cristo nos uniu".

• Rezar ou cantar com alegria o Glória, na missa, para louvar, bendizer e dar graças ao Pai, ao Filho e ao Espírito Santo.

Diálogo com a família

Converse com seus pais sobre o que você aprendeu. Com a ajuda deles, fazer uma oração de agradecimento à Santíssima Trindade.

_____
_____
_____

8 FESTA DO CORPO DE CRISTO

Como Jesus é bom! Antes de partir, Ele nos deu, como grande presente, a Eucaristia, seu Corpo e seu Sangue para nosso alimento espiritual. É um modo muito especial que Ele encontrou para ficar com a gente, nos dar força e coragem e nos sustentar firmes e fortes na caminhada para Deus.

Na festa do Santíssimo Corpo e Sangue de Cristo, a Igreja faz a manifestação pública da sua fé na presença real de Jesus na hóstia consagrada.

É por isso que nesse dia somos convidados a acompanhar em procissão a Jesus na Eucaristia, para demonstrar nossa fé. Cremos que Ele é o "Pão da Vida", o "Pão vivo descido do céu" para dar vida ao mundo, como Ele mesmo nos diz.

Mas, todos os dias, em todas as missas, a Igreja celebra a Eucaristia. É durante a Oração Eucarística com a consagração no centro, quando o padre repete as palavras de Jesus, que a hóstia se torna Corpo de Cristo e o vinho se torna seu Sangue.

Porém, para o nosso bem e alegria, Cristo está presente também nos outros Sacramentos, na sua Palavra, na comunidade que reza unida, nos irmãos necessitados, no padre...

Querido catequizando! Você, que se prepara para receber Jesus na Eucaristia, peça sempre a Ele que o(a) ajude a se preparar muito bem para este grande momento em sua vida.

Celebração

✦ Com atenção, ouça a proclamação do Evangelho de Jesus Cristo narrado por Marcos 14,22-24.

✦ A seguir, reflita e partilhe a Palavra de Deus.

Atividades

1) Agora, anote se você deseja receber a Eucaristia (o Corpo de Cristo). Você sente o desejo de ser uma pessoa animada, alegre, que traz dentro de si o espírito solidário de Jesus?

_____
_____
_____
_____

2) Que tal decifrar o enigma e descobrir uma importante mensagem de Jesus para nós?

3) Em grupo e seguindo as pistas, complete as seguintes frases e, depois, a cruzadinha:

```
        E
        U
        C
        A
        R
        I
        S
        T
        I
        A
```

• Antes de partir, Ele nos deu, como grande _____, a Eucaristia: Seu Corpo e Sangue para nosso alimento espiritual.

• Na festa do Santíssimo Corpo e _____ de Cristo, a Igreja faz a manifestação _____ da fé na presença real de Jesus na hóstia consagrada.

• Nesse dia, somos _____ a acompanhar em procissão a Jesus na Eucaristia.

• _____ que Ele é o "Pão da Vida, o Pão vivo _____ do céu".

• É durante a oração eucarística, no momento da _____, quando o padre repete as palavras de Cristo, que a _____ se torna Corpo de Jesus e o vinho, seu Sangue.

• Cristo está presente também, nos outros Sacramentos, na sua Palavra, na _____ que reza unida...

• Você que se prepara para receber Jesus na Eucaristia peça sempre a Ele que o ajude a se preparar muito bem para este grande momento em sua _____ .

4) Na festa do Corpo de Cristo celebramos Jesus vivo presente na Eucaristia. Quantas pessoas neste dia deixam seus afazeres para enfeitar as ruas onde Jesus vai passar! Nós podemos nos unir a estas pessoas desejando em nosso coração ofertar a Jesus o que de mais belo nós temos. Que tal fazer esta experiência? Você é convidado a ilustrar e colorir um tapete, ofertando a Jesus suas boas ações, as lições bem feitas durante a semana, a ajuda prestada aos colegas... Siga as pistas:

Ensinei meu amigo fazer a lição

Mesmo chovendo, fui à catequese

Visitei meu amigo que estava doente

Reparti meu lanche

Respeitei a professora

Não faltei à missa

Enxuguei a louça para a mamãe

5) Agora, para finalizar este encontro, você é convidado a fazer uma visita junto com o catequista e colegas à Capela do Santíssimo (ou ao local do sacrário) para adorar, louvar e agradecer a Jesus que está ali presente. Participe com muito respeito, amor e fé.

Compromisso do encontro

✖ Para você, o que foi mais importante aprender neste encontro?

_____

_____

_____

✖ Podemos e devemos nos preparar bem para receber Jesus na Eucaristia. Quem já fez a 1ª comunhão o recebe como alimento espiritual (hóstia consagrada), os demais podem desejá-lo receber em seu coração. Propomos:

• Procurar ter um coração limpo, sem pecado, para desejar receber Jesus no seu coração.

• Sair da missa com o mesmo propósito dos que comungaram: repartir o seu tempo, seu lanche, seu sorriso, levando o amor de Jesus aos outros.

Diálogo com a família

Converse com seus pais contando o que aprendeu. Pedir-lhes que, se for possível, o levem para ver as ruas enfeitadas e para participar da Procissão de Corpus Christi. Mostre-lhes o tapete que você construiu na atividade 4 do livro.

9 FESTA DE NOSSA SENHORA APARECIDA

Veja só que coincidência maravilhosa! No dia das crianças, 12 de outubro, celebramos também a festa de Nossa Senhora Aparecida. É a festa da Mãe e protetora junto dos seus filhos mais queridos.

Veja como é interessante e bonita a história da Rainha e Padroeira do Brasil.

"Em meados de 1717, três humildes pescadores chamados Domingos, Filipe e João saíram à procura de peixes no Rio Paraíba. A encomenda dos peixes foi feita para a recepção de um Conde.

Os pescadores lançaram a rede muitas vezes, mas não conseguiram pescar nada. Quando chegaram ao Porto de Itaguaçu, João lançou a rede nas águas e encontrou o corpo de uma imagem de Nossa Senhora da Conceição sem a cabeça. Jogou novamente a rede e encontrou a cabeça da mesma imagem. A partir desse momento, lançaram a rede e pescaram muitos peixes.

Então, o pescador Filipe levou a imagem para sua casa, onde as famílias vizinhas se reuniam para rezar. A devoção a Nossa Senhora Aparecida foi crescendo no meio do povo e muitas graças foram alcançadas por aqueles que rezavam diante da sua imagem.

Com a passar do tempo, o número de romeiros foi aumentando e foram sendo construídos: primeiro, um oratório, depois, uma capela, a seguir, uma igreja e, por último, a atual Basílica, que é considerada o maior santuário do mundo dedicado a Nossa Senhora".

Você gostou dessa história? Como essa, existem muitas outras histórias sobre a Virgem Maria.

Como homenagem ela recebeu muitos nomes: Nossa Senhora de Fátima, de Lourdes, de Guadalupe, Nossa Senhora da Paz, das Graças, Auxiliadora... Mas, todos os títulos representam a mesma pessoa: Maria, que foi escolhida por Deus para ser a mamãe de Jesus.

Nós cristãos amamos a nossa Mãezinha do Céu e procuramos imitar a suas virtudes que são: santidade, obediência, bondade, humildade, caridade, paciência, amor, zelo...

Maria também nos ama muito e deseja que a gente ame e viva assim **como Jesus amou e viveu**.

+ Em pé, você é convidado a receber a Bíblia e a imagem de Nossa Senhora Aparecida trazidas pelos colegas, cantando com alegria:

Viva a Mãe de Deus
Viva a Mãe de Deus e nossa,
Sem pecado concebida.
Salve, Virgem Imaculada!
Ó Senhora Aparecida.

Aqui estão vossos devotos
Cheios de fé incendida,
De conforto e de esperança,
Ó Senhora Aparecida. (KOLLING, 2004)

+ Agora, com muito respeito e atenção, ouça a proclamação do Evangelho de Jesus Cristo narrado por Lucas 1,26-37. A seguir, participe da reflexão e partilha da Palavra de Deus.

1) Escreva se suas atitudes têm demonstrado obediência a Deus. Depois faça uma lista do que você precisa melhorar para ser cada vez mais parecido com Nossa Senhora.

_____
_____
_____
_____

2) Em dupla, procurar no caça-palavras algumas palavras importantes, que constam no texto inicial deste encontro. Que tal colorir cada palavra de uma cor?

A	A	P	A	R	E	C	I	D	A	T	R	E	D	E	X
R	S	G	J	L	O	Ç	Y	V	X	E	Y	U	I	O	F
O	W	A	H	N	I	A	R	F	S	E	X	I	E	P	W
H	X	C	Y	U	Z	W	Q	E	K	Ç	O	P	S	C	M
N	A	S	E	T	I	M	A	G	E	M	Z	X	G	Z	Ã
E	A	P	W	S	E	Á	G	U	A	S	X	Z	R	C	E
S	Q	A	E	E	A	G	H	A	D	J	R	O	A	B	Z
A	Y	D	E	R	C	W	E	I	H	C	D	R	Ç	D	I
S	X	R	Z	O	I	C	D	G	E	A	Q	A	A	R	N
S	E	O	H	D	L	S	D	R	H	P	Y	T	S	Y	H
O	W	E	T	A	Í	Y	U	E	I	E	K	Ó	P	X	A
N	Y	I	H	C	S	M	N	J	M	L	B	R	X	Z	D
Q	W	R	E	S	A	E	Y	A	F	A	T	I	E	M	O
R	E	A	N	E	B	I	L	D	E	R	E	O	A	Y	C
I	A	V	N	P	N	S	A	N	T	U	Á	R	I	O	É
R	M	A	M	Ã	E	D	E	J	E	S	U	S	P	A	U

Nossa Senhora Aparecida – Rainha – Padroeira – pescadores – rede – peixes – águas – imagem – graças – oratório – capela – igreja – Basílica – Santuário – Mamãe de Jesus – Mãezinha do céu

3) Agora você e seus colegas se dividirão em grupos, de modo que cada grupo leia em voz alta uma das estórias que seguem, conforme a orientação do seu catequista. Participe!

O dia em que Mateus ficou sozinho

Mateus era um bom menino. Estudava de manhã e na parte da tarde ficava com sua mãe em casa.

Certo dia, sua mãe precisava sair para fazer compras e Mateus ficou sozinho.

Algum tempo depois, começou a sentir medo; toda hora olhava na janela para ver se sua mãe estava chegando. Nem mesmo sua lição conseguiu fazer.

Assim que sua mãe chegou, ele pulou de alegria e logo terminou toda a lição, dizendo a sua mãe:

– "Mamãe, perto de você me sinto protegido!"

As férias de Paulinha

Paulinha resolveu passar as férias na casa de sua tia.

Passando alguns dias, não aguentava de saudade de sua mãe. Sentia vontade do leite quente com chocolate e do delicioso bolo de cenoura que só ela sabia fazer.

Teve um dia que até dor de cabeça lhe deu, e mais uma vez sentiu falta do colo quentinho da sua mãe. Pois sabia que apenas um beijinho da mamãe no local da dor, logo a dor passava.

Paulinha ficou impaciente, não vendo a hora de volta para casa.

Quando chegou disse para sua mãe:

– Mamãe, perto de você eu me sinto amada. Descobri que preciso muito de você, mãezinha!

A viagem de João

João foi em uma excursão da escola para o Rio de Janeiro, onde ficaram três dias. Sua mãe Jussara não conseguiu dormir durante este período de tanta preocupação. Ela rezava todos os dias, pedindo a Nossa Senhora que cuidasse de seu filho, para que nenhum mal lhe acontecesse.

Ficou feliz por ele ter a oportunidade de viajar, mas sentiu muito a sua falta.

Assim que ele chegou, ela lhe disse:

Filho, quando você está em casa, tudo fica mais alegre. Você é muito, mas muito importante para mim!

O tombo de Cristiane

Cristiane caiu e quebrou o pé. Sua mãe ficou triste, não via a hora que sua filha voltasse a andar. Por isso, pediu a Jesus para ela se recuperar logo. Assim que Cristiane ficou boa, e corria de um lado para outro, sua mãe agradeceu ao Senhor com muita alegria.

✧ Como Mateus e Paulinha se sentiam perto da mamãe?

_____

_____

_____

✧ As estórias de Mateus e Paulinha nos ensinam que nós necessitamos de uma _____ .

✧ Como as mães de João e da Cristiane se sentiram quando João viajou e Cristiane quebrou o pé?

✧ A mãe de João ficou _____.

✧ A mãe de Cristiane ficou _____ .

✧ As estórias de João e Cristiane nos mostram que as mães sentem alegria, mas também, _____ e _____ .

4) Para completar as frases, desembaralhar as letras que estão fora de ordem:

• Para Jesus nascer Ele precisou de Maria, para ser sua _____ (ÃEM).

• Nossa Senhora viveu as mesmas _____ (GRIASELA), _____ (SAZETSIRT) e preocupações das outras mães.

• Sentiu _____ (ELAGRIA), apesar da pobreza e do frio, quando Jesus nasceu na gruta de Belém.

• Sentiu _____ (TEZASIRT), quando Jesus aos 12 anos de idade se perdeu durante uma peregrinação em Jerusalém.

• Sentiu _____ (PAÇÃOCUPREO), quando Jesus já adulto saía para pregar o Evangelho e algumas pessoas gostariam até de matá-lo.

• Agora Nossa Senhora está no _____ (ÉUC) e protege a todos nós como nossa mãe.

• Temos mãe aqui na _____ (RATER) e também outra no céu.

5) A Virgem Maria também é chamada de Maria Santíssima e Mãe da Igreja. Você sabe por que nós a chamamos de Nossa Senhora? Porque ela é a Mãe de Jesus, que é Nosso Senhor.

Com alegria, vamos expressar o quanto amamos a nossa mãe do céu, por meio do seguinte canto:

Mãezinha do céu

Mãezinha do céu, eu não sei rezar,
Eu só sei dizer quero te amar.

Azul é teu manto, branco é teu véu,
Mãezinha, eu quero te ver lá no céu.

Mãezinha do céu, Mãe do puro amor,
Jesus é teu Filho, eu também o sou.

(KOLLING, 2004)

Para encerrar o encontro, vamos todos juntos dar uma viva a Nossa Senhora Aparecida?

VIVA NOSSA SENHORA APARECIDA! VIVA!

Compromisso do encontro

✖ O que você mais gostou de aprender neste encontro?

_____
_____
_____

✖ Maria nos ensina a viver conforme a vontade de DEUS. Ela é nossa mãe querida, que nos mostra como seguir Jesus. Está sempre atenta às nossas necessidades e apresenta os nossos pedidos ao seu Filho. Propomos:

- Imitar as qualidades de Nossa Senhora, procurando ser: santo, obediente, bom, humilde, caridoso, paciente, amoroso...
- Rezar todos os dias, colocando as suas necessidades e da sua família nas mãos de Maria, para que ela interceda junto a Jesus para atendê-lo.

Diálogo com a família

Conte a seus pais como foi o seu encontro. Com a ajuda deles, que tal desembaralhar as palavras e, juntos, fazer a seguinte oração?

_____ EMÃ querida! _____ ÇOAIABEN todas as _____ ANÇASCRI, todas as _____ LIASFAMÍ do Brasil e do _____ DOMUN inteiro. Amém.

10 FINADOS E FESTA DE TODOS OS SANTOS

FINADOS é o dia em que nos lembramos dos nossos parentes e amigos que já não estão entre nós, mas juntos de Deus.

No início de novembro celebramos também a Festa de Todos os Santos. E quem são os santos? Você, com certeza, conhece os nomes e a vida de muitos santos: Santo Antônio, São Francisco, São Pedro, São Judas, Santa Teresinha do Menino Jesus, Santa Cecília e muitos outros que nos servem como exemplo de vida.

Mas, você pensa que no céu vivem somente aqueles que foram declarados santos pela Igreja?

Não, amiguinho(a), no céu estão todas as pessoas que aqui na terra viveram no amor, na justiça, na paz..., conforme a vontade de Deus, e praticaram o bem, ajudando ao próximo.

Nós também, hoje, somos convidados por Deus a sermos santos. Para isso é preciso ouvir e pôr em prática os ensinamentos de Jesus. Ele é o Caminho que nos leva ao Pai; que nos ensina a amar a Deus e viver em união com Ele; que nos orienta a amar o próximo e ajudar, partilhar, principalmente com os mais necessitados; e a lutar contra todas as formas de violência e injustiça.

A nossa vida aqui na terra é um tempo especial de preparação para um dia, não sabemos quando, a gente ir ao encontro do Senhor.

Não é preciso ter medo, pois Jesus está preparando um lugar para nós. A morte não é o fim de tudo, mas o começo de uma vida nova que nunca termina: a VIDA ETERNA. Como Jesus ressuscitou, nós também vamos ressuscitar e viver junto dele e dos nossos entes queridos, no céu.

O importante é procurar usar os dons que você recebeu de Deus e fazê-los dar frutos de amor, justiça, paz, solidariedade... E não perder a oportunidade de crescer sempre mais naquilo de bom que o Pai do Céu colocou no seu coração, seguindo sempre os passos de Jesus.

elebração

✦ Deus quer falar com você. Então, ouça com atenção a proclamação do Evangelho de Jesus Cristo narrado por João 14,1-3.

✦ A seguir, participe com alegria da reflexão e partilha da Palavra de Deus.

tividades

1) Depois de ter partilhado a Palavra de Deus, anote se você está disposto a aceitar o chamado de Deus para ser santo. De que maneira você se torna santo?

_____
_____
_____

2) Em grupo, procure no quadro seguinte as palavras que completam, corretamente, as frases. Se tiver dúvida, pesquise o texto que está no início deste encontro.

AMOR	ENCONTRO	CÉU	TODOS	FINADOS
SANTOS	FIM	VIDA	CORAÇÃO	TERRA
CAMINHO	PAZ	IGREJA	BOM	DEUS

• _____ é o dia em que nos lembramos dos nossos parentes e amigos que já não estão entre nós, mas juntos de _____ .

• No início de novembro celebramos também a Festa de _____ os Santos.

• Você pensa que no _____ vivem somente aqueles que foram declarados santos pela _____?

• No céu estão todas as pessoas que aqui na _____ viveram no _____, na justiça, na _____ ...

• Nós também, hoje, somos convidados por Deus a sermos _____ .

• Jesus é o _____ que nos leva ao Pai.

• A nossa vida aqui na terra é um tempo de preparação para um dia, não sabemos quando, a gente ir ao _____ do Senhor.

• A morte não é o _____ de tudo, mas o começo de uma vida nova que nunca termina: a _____ ETERNA.

• Não perder a oportunidade de crescer sempre mais naquilo de _____ que o Pai do Céu colocou no seu _____, seguindo sempre os passos de Jesus.

3) Jesus enche de esperança todos aqueles que acreditam nele.

Pesquise na sua Bíblia e anote o seguinte versículo que nos dá a certeza da VIDA ETERNA (Jo 11,25):

_____
_____
_____
_____

4) **Joãozinho** quer nos ensinar que é possível ser um imitador dos grandes atletas e, especialmente, dos grandes santos.

• Que tal ouvir com atenção a estória que seu catequista irá lhe contar e descobrir o que Joãozinho tem a lhe dizer?

• A seguir, participe das perguntas de reflexão.

5) São Francisco de Assis foi um santo muito alegre. Ele gostava de expressar a sua alegria por meio do canto. Ele fez uma linda oração. Vamos cantá-la com alegria:

Senhor, fazei-me instrumento

Senhor, fazei-me instrumento de vossa paz./ Onde houver ódio, que eu leve o amor./ Onde houver ofensa, que eu leve o perdão./ Onde houver discórdia, que eu leve a união. Onde houver dúvida, que eu leve a fé./ Onde houver erro, que eu leve a verdade./ Onde houver desespero, que eu leve a esperança./ Onde houver tristeza, que eu leve a alegria./ Onde houver trevas, que eu leve a luz. / Ó Mestre, fazei que eu procure mais/ consolar que ser consolado;/ compreender que ser compreendido;/ amar, que ser amado./ Pois é dando que se recebe, / é perdoando que se é perdoado. E é morrendo que se vive para a vida eterna. (KOLLING, 2004)

Compromisso do encontro

✹ O que foi mais importante aprender neste encontro?

_____
_____
_____

✹ O dia de finados é um dia de orações pelos falecidos. A Festa de Todos os Santos nos convida a refletir sobre o nosso caminho de santidade. Propomos:

– Rezar pelos falecidos de sua família, procurando se lembrar das coisas boas que eles fizeram aqui na terra. Em que eles são exemplos para você, hoje?

– Participar da missa de Todos os Santos, pedindo a Deus a graça de você ser santo como Deus é santo.

Diálogo com a família

Conte a seus pais o que você aprendeu. Anote, com a ajuda deles, os Santos de devoção de sua família:

_____
_____
_____

11 ADVENTO: TEMPO DE ESPERANÇA

A Palavra Advento significa o que há de vir. Você sabe quem é que vem? Nosso Salvador, JESUS!

Advento, então, é um período de quatro semanas antes do Natal, tempo de preparação para a vinda de Jesus.

No Advento, em muitas casas e principalmente nas igrejas, é usada, como símbolo, a Coroa do advento. É um círculo de folhas verdes, que é sinal de vida e esperança, enfeitado com uma fita vermelha, que simboliza o amor de Deus por nós ao enviar ao mundo seu Filho Único, como um precioso presente para toda a humanidade. Nesta coroa são colocadas quatro velas.

Na primeira semana do Advento é acesa a primeira vela. Na semana seguinte são acesas a primeira e a segunda velas, e assim acontece até que se acendam as quatro velas. Cada vela indica um domingo do Advento.

O Advento é um tempo de esperança, conversão... É tempo de renovar a nossa vida, o modo de pensar e agir, para a gente acolher Jesus que vem.

Você sabe o que Jesus vem nos revelar?

Que Ele mesmo é a garantia do infinito amor de Deus Pai por nós e da sua imensa misericórdia, que nos oferece a salvação. Ele é o Filho de Deus que se fez gente como nós e vem morar em nosso meio, para nos ensinar o caminho da verdadeira vida.

Que tal se preparar, da melhor maneira possível, para celebrar o seu aniversário: o Natal? E fazer da sua vida, do seu coração, uma nova manjedoura, para acolher a presença viva de Deus em você.

Celebração

✦ Fique atento para ouvir a proclamação do Evangelho de Jesus Cristo narrado por Marcos 13,33-37. A seguir, haverá reflexão e partilha da Palavra de Deus.

Atividades

1) De que maneira você tem se preparado para acolher Jesus que, de modo especial, no Natal, deseja nascer no seu coração?

_____
_____
_____

2) Prepare-se para o Natal pensando no Senhor que veio, que vem e que virá um dia, quando a gente menos esperar. O importante é estar sempre preparado.

Em dupla e seguindo as pistas, completar as frases e, depois, a cruzadinha. Na dúvida, consultar o texto que está no começo deste encontro, ou o catequista.

1) A _____ Advento significa o que há de vir.

2) Advento é um tempo de preparação para a _____ de Jesus.

3) No Advento é usada, como símbolo, a Coroa do _____ .

4) Nesta Coroa são colocadas quatro _____ que indicam os quatro domingos desse período.

5) O Advento é um tempo de esperança, _____ ...

6) Jesus é a _____ do amor de Deus Pai por nós e da sua imensa misericórdia, que nos oferece a salvação.

7) É preciso fazer da sua vida, do seu coração, uma nova _____ para acolher a presença viva de Deus em você.

3) Que tal, neste tempo do Advento, dizer todos os dias com muita fé, amor e alegria: Seja bem-vindo, Jesus!

Agora, com a ajuda do catequista, desenhe e pinte a Coroa do Advento em uma folha de papel sulfite.

4) Rafael é um garoto que decide se preparar para o Natal, e aproveita o tempo do advento para refletir em que precisa mudar. Leia a estória em quadrinhos e descubra o que ele fez. A seguir, ilustre a estória.

– Rafael, o que você está fazendo? – Estou escrevendo uma cartinha para Deus, mamãe! Arruma um envelope para mim?	*"Meu Deus, quero me preparar para o Natal. Ajude-me a não brigar com meu irmão, a ter paciência com a mamãe que anda muito nervosa. Dai-me coragem para contar ao papai que ontem peguei dinheiro da sua carteira para comprar sorvete, sem a sua permissão. Perdoe-me pelas vezes que tive preguiça de rezar. Sabe! A partir de hoje quero ser um bom menino, e só fazer o que lhe agrada. O Senhor pode me ajudar?"* Só falta colorir a borda da minha cartinha!
Próximo ao Natal, Rafael estava muito feliz, pois havia participado dos 4 domingos do advento, conseguiu ter paciência com a mamãe, pediu perdão ao papai, não brigou com seu irmão e todos os dias fazia suas orações. O coração de Rafael transbordou de amor e alegria com a chegada do Natal.	No 1º domingo do advento, Rafael, no momento do ofertório, colocou na cestinha não apenas as suas economias, mas, também, a sua cartinha, oferecendo a Deus seu desejo de conversão.

5) Deus tem uma boa notícia para lhe dar. Que tal cantar e descobrir na letra da música que notícia é esta?

Cante ao Senhor a terra inteira

1. Cante ao Senhor a terra inteira. Sirvam ao Senhor com alegria. Vinde ao seu encontro alegremente.

O Senhor é bom, eterno é seu amor. O Senhor é bom, eterno é seu amor. (KOLLING, 2004)

Compromisso do encontro

✖ O que para você foi mais importante aprender neste encontro?

____

____

____

✖ Advento é um tempo de espera, expectativa, em que nos preparamos para a vinda de Jesus. Propomos:

- Fazer uma revisão das suas atitudes e descobrir em que você precisa melhorar.
- Se esforçar para praticar o bem todos os dias.

Diálogo com a família

Pergunte a seus pais de que maneira eles têm se preparado para o Natal que se aproxima? Anote a reposta deles.

____

____

____

12 NATAL: FESTA DO AMOR DE DEUS PAI POR NÓS

No Natal, uma grande alegria e esperança invade o nosso coração. Você sabe por quê? Porque nós celebramos o Nascimento de Jesus.

Durante muito tempo, Deus prometeu que enviaria um Salvador. Até que um dia enviou ao mundo seu próprio Filho para nos salvar. Então, em cada Natal a gente pode cantar com muita alegria: "Hoje, nasceu para nós o Salvador, que é Cristo o Senhor".

A palavra de Deus se fez criança no ventre da Virgem Maria e veio viver entre nós. Sabe, amiguinho(a), Jesus é a presença do próprio Deus aqui na terra.

O Natal é a festa da família porque Deus quis nascer em uma delas: A Sagrada Família.

Jesus vem ao mundo para nos ensinar a viver e a amar. Ele nos diz que pertencemos à família de Deus: somos filhos e filhas do Pai e irmãos uns dos outros.

Ele é a luz do mundo: a luz que brilha nas trevas! É o verdadeiro sol que ilumina todos nós.

Nasceu pobrezinho e foi colocado numa manjedoura, para nos mostrar que a verdadeira felicidade não está no luxo, na riqueza e nem nas coisas que a gente tem.

Como fizeram os reis magos, que vieram de longe para adorar e oferecer presentes (ouro, incenso e mirra) ao Senhor, nós também devemos acolher, amar e adorar Jesus como nosso Rei e Senhor. Ele é a única certeza de salvação.

elebração

✦ Agora, com muita alegria, você é convidado a cantar a seguinte música:

Noite Feliz

Noite feliz, Noite feliz!
Ó Senhor, Deus de amor,
Pobrezinho nasceu em Belém,
Eis na lapa Jesus, nosso bem,
Dorme em paz, ó Jesus!

Noite feliz, Noite feliz!
Eis que no ar vêm cantar
Aos pastores os anjos dos céus,
Anunciando a chegada de Deus,
De Jesus Salvador! (KOLLING, 2004)

- Neste momento, ouça com atenção a proclamação do Evangelho de Jesus Cristo narrado por Lucas 2,15-20. Em seguida, reflita e partilhe a Palavra de Deus.

tividades

1) Após a partilha, expresse com suas palavras o que você pode dar como presente a alguém, neste Natal.

_____
_____
_____

2) Fique atento para ouvir a estória "O primeiro sorriso de Jesus", que seu catequista irá lhe contar.

A seguir, com muito amor e carinho, ilustre-a, desenhando e colorindo um presépio bem bonito:

3) Ganhamos presentes que jamais nos esquecemos. Um deles é um lindo e sincero cartão de Natal. A seguir, aproveite para confeccionar seus cartões de Natal, podendo seguir os modelos.

Perdoe-me, não tenho dinheiro para lhe comprar um presente.
Mas eu não podia deixar de dizer que você é muito importante na minha vida.
Feliz Natal!
Querido amigo!

Mamãe,
obrigada por me fazer tão feliz! O presente que quero lhe dar
é a obediência e o respeito.
Um beijo carinhoso.
Feliz natal,
mãezinha!

Papai, você é especial. O presente que eu quero lhe dar é a minha oração, pedindo a Deus que não lhe falte emprego. Orgulho-me de você, paizinho!
Feliz Natal!

Catequista,
você me ajuda a conhecer Jesus. Eu aprendi a amá-lo e me esforço para viver como Ele viveu, praticando o bem. Espero que esta minha atitude agrade a você e a Jesus.
Feliz Natal!

4) Com a ajuda de seu catequista, criar enfeites para decorar a árvore de Natal que se encontra em sua sala de catequese. A seguir, ajude enfeitá-la deixando-a bem bonita.

5) Você é convidado a cantar a seguinte música, e depois desejar a seus colegas e catequista um Feliz Natal:

É Natal de Jesus

É Natal de Jesus! Festa de alegria, de esperança e luz!

1. Toda a terra canta um hino, bendizendo o Salvador, que em Belém se fez menino, dando o exemplo de amor.

2. Quantos anos se passaram, desde que Jesus nasceu... Da mensagem que ele trouxe, muito pouco se aprendeu. (KOLLING, 2004)

Compromisso do encontro

- O que mais gostou de aprender neste encontro?

____

____

____

- Natal é a festa da alegria. Jesus é o melhor presente que cada um de nós pode e deve receber. Podemos, também, presentear as pessoas dando a elas um pouco de nós mesmos. Propomos:
  - Dar de presente: amor às pessoas.
  - Fazer um elogio, prestar ajuda, fazer uma visita, entregar um cartão de Natal.

Diálogo com a família

Conte a seus pais o que você aprendeu. Entregue a eles um lindo e sincero cartão de Natal, com um forte abraço e um afetuoso beijo.

Parte III

Conhecimentos importantes para crescer na fé

ORAÇÕES

SINAL DA CRUZ

Pelo sinal da santa cruz, livrai-nos, Deus nosso Senhor, dos nossos inimigos. Em nome do Pai, do Filho e do Espírito Santo. Amém.

CREDO – Creio em Deus Pai todo-poderoso, criador do céu e da terra; e em Jesus Cristo, seu único Filho, nosso Senhor; que foi concebido pelo poder do Espírito Santo; nasceu da Virgem Maria, padeceu sob Pôncio Pilatos, foi crucificado, morto e sepultado; desceu à mansão dos mortos; ressuscitou ao terceiro dia; subiu aos céus, está sentado à direita de Deus Pai todo-poderoso, donde há de vir a julgar os vivos e os mortos; creio no Espírito Santo, na santa Igreja católica, na comunhão dos santos, na remissão dos pecados, na ressurreição da carne, na vida eterna. Amém.

PAI-NOSSO – Pai nosso que estais nos céus, santificado seja o vosso nome; venha a nós o vosso reino, seja feita a vossa vontade, assim na terra como no céu. O pão nosso de cada dia nos dai hoje; perdoai-nos as nossas ofensas, assim como nós perdoamos a quem nos tem ofendido, e não nos deixeis cair em tentação, mas livrai-nos do mal. Amém.

AVE-MARIA – Ave Maria, cheia de graça, o Senhor é convosco; bendita sois vós entre as mulheres e bendito é o fruto do vosso ventre, Jesus. Santa Maria, Mãe de Deus; rogai por nós pecadores, agora e na hora de nossa morte. Amém.

GLÓRIA AO PAI – Glória ao Pai, ao Filho e ao Espírito Santo. Como era no princípio, agora e sempre. Amém.

ORAÇÃO AO ESPÍRITO SANTO – Vinde, Espírito Santo, enchei os corações dos vossos fiéis e acendei neles o fogo do vosso amor. Enviai o vosso Espírito e tudo será criado. E renovareis a face da terra.
Oremos: Ó Deus que instruístes os corações dos vossos fiéis com a luz do Espírito Santo, fazei que apreciemos retamente todas as coisas, segundo o mesmo Espírito, e gozemos sempre de sua consolação. Por Cristo Senhor Nosso. Amém.

ATO DE CONTRIÇÃO – Meu Deus, eu me arrependo de todo coração de vos ter ofendido, porque sois bom e amável. Prometo, com a Vossa graça, nunca mais pecar. Meu Jesus, misericórdia!

OS DEZ MANDAMENTOS DA LEI DE DEUS

1) Amar a Deus sobre todas as coisas.
2) Não tomar seu santo nome em vão.
3) Guardar domingos e festas de guarda.
4) Honrar pai e mãe.
5) Não matar.
6) Não pecar contra a castidade.
7) Não furtar.
8) Não levantar falso testemunho.
9) Não desejar a mulher do próximo.
10) Não cobiçar as coisas alheias.

OS MANDAMENTOS DA IGREJA

1) Participar da missa inteira nos domingos e festas de guarda.
2) Confessar-se ao menos uma vez cada ano.
3) Comungar ao menos pela Páscoa da Ressurreição.
4) Jejuar e abster-se de carne quando manda a Santa Madre Igreja.
5) Pagar o dízimo segundo o costume.

OS SETE SACRAMENTOS

1) Batismo
2) Confirmação ou Crisma
3) Eucaristia
4) Penitência ou Confissão
5) Unção dos Enfermos
6) Ordem ou Sacerdócio
7) Matrimônio

NA TRADIÇÃO DA IGREJA EXISTEM

As obras de misericórdia corporais e espirituais são catorze:

As corporais:
- dar de comer a quem tem fome
- dar de beber a quem tem sede
- vestir os nus
- dar pousada aos sem-teto

- visitar os enfermos
- remir os cativos
- enterrar os mortos

As espirituais:
- ensinar os ignorantes
- dar bons conselhos
- repreender os que erram
- sofrer com paciência as fraquezas do próximo
- perdoar as injúrias
- consolar os aflitos
- rogar a Deus pelos vivos e pelos mortos

As virtudes cardeais:
A prudência
A justiça
A fortaleza
A temperança

As virtudes teologais:
A fé, a esperança e a caridade.

Os pecados capitais:
– O orgulho
– A avareza
– A inveja
– A ira
– A impureza
– A gula
– A preguiça

Os pecados que bradam ao céu:
– Homicídio voluntário
– Pecado sensual contra a natureza
– Oprimir os pobres, órfãos e viúvas
– Negar o salário aos que trabalham

Carta conclusiva

Amiguinho(a)!

Você está terminando uma etapa muito importante no caminho que o leva a viver mais plenamente a vida cristã pela participação na Eucaristia. A Igreja o chama a continuar neste caminho, agora de maneira ainda mais intensiva. Neste tempo que passou você foi convidado a conversar muito com seus pais. Esperamos que tenham gostado.

Viver a Eucaristia é viver em comunhão com sua comunidade, a começar com sua família. Isso é tão importante que na segunda etapa deste caminho convidamos também seus pais para participarem da catequese de forma bem ativa. Sabemos, por experiência, que a presença e a participação dos pais no momento da preparação da primeira Eucaristia marca e renova profundamente a família e temos a plena certeza que renovará também a vida da sua família. Muitos podem testemunhar esta renovação.

Esperamos você e seus pais na próxima etapa da catequese, para que, juntos, possam beber a água viva que o Senhor Jesus quer lhes oferecer.

Pe. Paulo e equipe

Referências

A Bíblia para crianças – A mensagem de Deus para as crianças [s.l.]: Editora "A Fé".

Bíblia de Jerusalém. São Paulo: Paulus, 1996.

KOLLING, Ir. M.T. (ICM); PRIM, Fr. J.L. (OFM) & BECKHÄUSER, Fr. A. (coords.). *Cantos e Orações* – Para a liturgia da missa, celebrações e encontros. Petrópolis: Vozes, 2004.

CENTRO CATEQUÉTICO DIOCESANO – DIOCESE DE OSASCO. *Livro do catequizando em preparação à Eucaristia* – 2ª Etapa: Fé, vida, comunidade. São Paulo: Paulus, 1994. [Coordenação Ir. Mary Donzellini, MJC].

CRUZ, THEREZINHA MOTA LIMA DA. *Irmãos a caminho,* livro 3. CRUZ, THEREZINHA MOTA LIMA DA. & MOUTINHO DEL ESTAL, MARIA ALICE. São Paulo: FTD, 1984.

_____. *Irmãos a caminho:* educação religiosa 5. CRUZ, THEREZINHA MOTA LIMA DA. & MOUTINHO DEL ESTAL, MARIA ALICE. São Paulo: FTD.

DIOCESE DE JUNDIAÍ – PARÓQUIA DE SÃO BENEDITO-SALTO. *Temas: Catequese familiar* – Catequese rumo ao novo milênio, apostila.

DIOCESE DE OSASCO – IGREJA CATÓLICA. *Livro do catequista:* Fé, vida, comunidade. Centro Catequético Diocesano. São Paulo: Paulus, 1994 [Coordenação: Ir. Mary Donzellini].

DIOCESE DE PIRACICABA – *Nossa conversa com Jesus* [Parábolas do Reino de Deus, Apostilas].

ESTAL, MARIA ALICE MOUTINHO DEL. *Irmãos a caminho: educação religiosa* – Iniciação. CRUZ, THEREZINHA MOTA LIMA DA. & MOUTINHO DEL ESTAL, MARIA ALICE. São Paulo: FTD, 1984.

HAENRAETS, Pe. Paulo. *Iniciação na fé* – Um caminho para a catequese familiar. Petrópolis: Vozes, 2003.

PÉREZ MONTERO, JOSÉ. *A Bíblia ilustrada para crianças com texto tirado da Bíblia na linguagem de hoje.* [Ilustrada por José Pérez Montero]. Sociedade Bíblica do Brasil, 1994.

PINCINATO, MARIA DE LURDES MEZZALIRA. *A caminho da Eucaristia* – 1ª etapa-catequista, 1995 [Diocese de Jundiaí, apostila].

STORNIOLO, IVO. *O amor que dá vida,* 6ª série. STORNIOLO, IVO & BORTOLINI, JOSÉ. São Paulo: Paulus, 1993 [Bíblia na escola].

_____. *O projeto de Jesus,* 5ª série. STORNIOLO, IVO & BORTOLINI, JOSÉ. São Paulo: Paulus, 1993 [Bíblia na escola].

_____. *Deus dá vida e liberdade,* 1ª série. STORNIOLO, IVO & BORTOLINI, JOSÉ. São Paulo: Paulus, 1993 [Bíblia na escola].

VÁRIOS AUTORES. *Crescer em comunhão com Jesus Cristo (coleção),* Volume II, livro do catequista. 16. ed. Petrópolis: Vozes, 1997.

_____. *Crescer em comunhão com Jesus Cristo (coleção),* Volume III, livro do catequizando. 16. ed. Petrópolis: Vozes, 1997.

Conecte-se conosco:

- facebook.com/editoravozes
- @editoravozes
- @editora_vozes
- youtube.com/editoravozes
- +55 24 2233-9033

www.vozes.com.br

Conheça nossas lojas:
www.livrariavozes.com.br

Belo Horizonte – Brasília – Campinas – Cuiabá – Curitiba
Fortaleza – Juiz de Fora – Petrópolis – Recife – São Paulo

EDITORA VOZES LTDA.
Rua Frei Luís, 100 – Centro – Cep 25689-900 – Petrópolis, RJ
Tel.: (24) 2233-9000 – E-mail: vendas@vozes.com.br